刘哲作品

司法的长期主义

刘 哲 —— 著

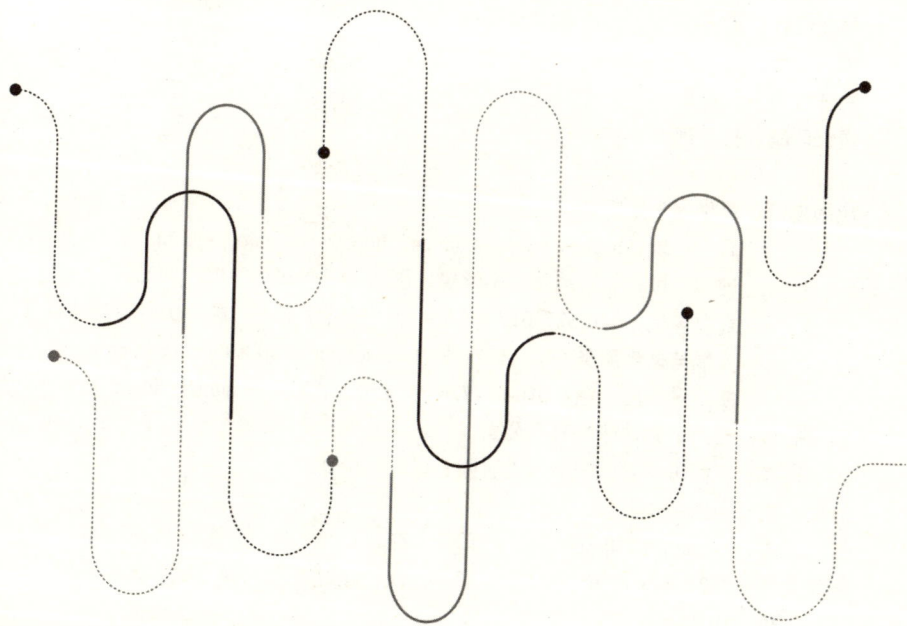

清华大学出版社
北京

图书在版编目（CIP）数据

司法的长期主义 / 刘哲著 . —北京：清华大学出版社，2021.2
（刘哲作品）
ISBN 978-7-302-57191-9

Ⅰ.①司…　Ⅱ.①刘…　Ⅲ.①司法－工作－研究－中国　Ⅳ.① D926

中国版本图书馆 CIP 数据核字 (2020) 第 260225 号

责任编辑：刘　晶
封面设计：徐　超
版式设计：方加青
责任校对：王凤芝
责任印制：杨　艳

出版发行：清华大学出版社
　　　　网　　　址：http://www.tup.com.cn，http://www.wqbook.com
　　　　地　　　址：北京清华大学学研大厦 A 座　　邮　　编：100084
　　　　社 总 机：010-62770175　　　　　　　　邮　　购：010-62786544
　　　　投稿与读者服务：010-62776969，c-service@tup.tsinghua.edu.cn
　　　　质 量 反 馈：010-62772015，zhiliang@tup.tsinghua.edu.cn
印 刷 者：三河市铭诚印务有限公司
装 订 者：三河市启晨纸制品加工有限公司
经　　销：全国新华书店
开　　本：145mm×210mm　　　印　　张：10　字　　数：174 千字
版　　次：2021 年 3 月第 1 版　　印　　次：2021 年 3 月第 1 次印刷
定　　价：59.80 元

产品编号：091435-01

献给我的祖母
她教我学会保持乐观

作者简介

刘 哲

北京市人民检察院首批入额检察官

曾办理山西溃坝案

设计并组织研发刑事公诉出庭能力培养平台

著有《检察再出发》《你办的不是案子，而是别人的人生》

《法治无禁区》《司法观》《法律职业的选择》

序：司法的价值在于长期性

法律的节奏都是慢的。

立法需要立法机关定期召开会议讨论，重要的法律需要召开一年一度的大会来审议。有些重要的法律还需要长期的酝酿，有些法律甚至无法一次性通过。就拿《民法典》来说，它几乎耗费了几代民法学家的光阴。

为什么需要这么长的时间？

因为法律涉及的是重大利益的调整，是基本的社会规范，是要普遍适用和长期有效的。不是管一阵子，而是要管长期，因此要极为慎重。

法律的权威也蕴含在其稳定性之中，不能朝令夕改，然后公民才可能对这些规则给予信赖和尊重。

如果法律不被信仰则形同虚设，法律的长期稳定性的目的就在于希望能够赢得公众的信仰。

事实上，司法也是一样，也要通过长期坚持稳定而公正的标准以赢得公众的信服，产生真正的公信力。就像一个信用的储蓄罐，信用可以越积越多。

比如，通过反杀案激活正当防卫条款。

如果只是偶尔的、个别的案件，那公众不会觉得正当防卫条款被激活了，只是一种姿态和宣传，是个别人的幸运。大量的案件还是唯结果论，身边的案件还是机械执法，那公众对司法就还是没有信心。

这就像给别人留下的印象一样，偶尔做一次好事是没用的，只有长期做好事才能留下牢固的印象，才能赢得信任。

司法的长期主义就是这个道理，个别案件的公正处理可以赢得好感和期待，但是只有长期的公正处理才能赢得信任。

这种长期性与立法的长期性有所不同。立法的长期性是准备上的充分和慎重，司法的长期性在于长期坚持公正的标准。

当然我们知道，虽然法律的标准是统一的，但是众多司法官的理解则可能是千差万别的，并不容易达成统一。而且案件的情况也是千差万别的，即使同一个法官，在不同案件的处理上有时候也未必能够坚持前后一致。

因为司法官毕竟是人，而不是机器，不可能像系统算法一样，完全理性地适用法律。

在适用法律的时候一定会夹杂着个人的情绪和价值观。而由于案件的复杂性和多样性，也需要法官对不同案件作出个别化的处理，从而体现设身处地、具体而微的考量。

这实际上就构成了一种模糊化的统一适用，在标准和具体案情之间需要司法官自己来拿捏其中的分寸感。

因此，司法的长期性还体现在理念的方向性。只要方向是符合司法规律的，就允许司法官有自己的考量。司法的长期性的价值，是鼓励司法官基于法律的精神和生活的经验创造性地解决司法问题。

这些在疑难复杂案件中体现的司法智慧，可以通过指导案例、典型案例的方式被标示出来，并通过类案参考规则，引导以后的司法实践。

这些通过指导案例体现的细节性规则，就可以弥补成文法的不足，可以逐渐累积成一系列动态的、更为细微的法律规则，不仅让成文法的适应性更强，也让众多司法官的主观判断有了具体的依据，从而有利于统一执法尺度。

因此司法的长期性不仅是公信力的累积，也是司法规则的累积和司法智慧的累积。

司法的长期性也在于累积。

公信力和智慧想要累积下来，还需要司法官具有很强的专业能力，还有专业主义的精神。

目前，推进的司法责任制改革和员额制改革，目的就是推动司法官的精英化，从而树立司法官的威信，也是在提升司法官的专业能力。

随着法律体系越来越庞杂，对法律专业知识的能力要求越来越高，但这只是最起码的要求。只有知识的储备还是远远不够的，还需要长期的司法经验和阅历，在这一点上是急不得的，这与医学是一样的，都是一个慢功夫。因为这些经验是一种体验，不是书本知识，是没有捷径可走的。

司法行为还有一个重要的特点，那就是要经常进行价值判断，这就需要司法官拥有人性化的司法观念，能够恰当地理解常识常情常理，能够存一份了解之同情，能够从立法的精神和司法规律出发来理解和运用法律。

除此之外，还要有公正的品格，能够排除外力的不当干扰，忠于事实和法律，能够充分地尊重程序正义的独立价值。

只有这样的司法行为才能累积真正的司法智慧，才能传导公正的观念，才能不断强化司法的公信力。

但是这些要求并不是仅靠个人道德操守就能够实现的，还必须有相应的配套机制。那就是司法体制和机制的改革。这些改革应该充分落实司法责任制，确保司法官能够依法独立行使司法权，这就要从制度层面减少行政权对司法权的干涉。从制度层面激励司法智慧的创造，鼓励办理精品案件和典型案件。在人才使用上充分尊重专业主义的价值，而不是贬损专业主义的价值。只有这些内部环境的不断改善，才能让司法官安心付出和奉献，才能有司法智慧积累的宽松环境。

有好的司法环境才会有好的司法官，有好的司法官才会有好的司法。

司法对社会是极其重要的，司法塑造的是社会的基本规则。

如果失去了司法公正，那公众就更不可能相信其他的规则。

因为司法是最后一道防线，其他救济措施解决不了的时候才会找到司法，如果司法不专业、不公正，甚至腐败，那公众就没处说理去了，这就会对社会秩序带来根本性的破坏。

司法规则一旦被破坏，想要修复将是漫长的过程。需要大量司法官，通过大量公正案件的不断修补，付出大量的成本，也未必能够赢回信心。

在修补成功之前，公众是很难建立信心的，这甚至会影响社会经济环境，导致企业家都不敢轻易投资，因为无法确定自己的合法利益能否得到维护，市场竞争是否公平，甚至人身的安全能否得到切实的保障。这些信心不是短期内能够挽回的，需要长期的不懈努力。

而长期性正是司法的价值。司法的目的就是维护一个长期稳定的良善秩序，它的价值是长期的，同样形成的过程也是长期的，而一旦失去了就需要更长的时间来加以弥补。所以，我们应该充分认识到司法的长期价值，以长期主义的精神构建良好的司法环境。

刘　哲

2021 年 1 月 5 日于西直门

目　录

第一章

累积的力量

司法发展的长期主义

现在的世界变化太快，人们的心态往往是浮躁的。

司法改革三五年来一回，给人一种翻来覆去的感觉。政策往往不能坚持长久，那政策和改革所追求的目标也注定不能长久。

人生规划也一样，很多时候也是走一步看一步，即使看远一点也不会超过三五年的时间，然后打一枪换一个地方，自然难有实质性的累积。

而真正的成就都是需要长期的、持续的累积的。

1.

为了适应变化而调整，这本身没有错。但是我们经常忽视变化背后的一些不变的东西，比如时间的力量，累积的力量，从量变到质变的基本原理，这其实就是长期主义的精神。

长期主义的意思不是不思进取、庸庸碌碌、得过且过、不作为,而是要以大尺度的历史的眼光来审视世界和人生,制定一个长期的战略,坚持一些不会轻易调整的目标。在落实上可以有一些技术性的调整,但是方向不要轻易动摇。

这样才能获得战略上的成功,而不仅仅是个别的高光时刻。也就是要耐得住寂寞,知道自己在做什么,对成效的显现保有耐心,静待天明。

不能因为看到其他的热闹就跟过去,跟来跟去就忘了自己要走的路。

改革也是如此,司法的进步注定是一个长期的、漫长的过程,因为很多案件的周期本来就很长,理念的转变也不是一朝一夕的事情,这就需要我们坚持长期主义的精神,对一些战略性的改革长期坚持下去。

但改革总有一个三五年的魔咒,很难打破,这就是司法政绩观的问题。每一届司法首长都希望有自己的一套改革思路,并按照自己的思路完成改革。只是坚持既有的改革思路照常推进,总是感觉了无新意,有了成效也不好说是自己的。这必然就会出现为了改革而改革,存在改来改去、翻来覆去、推倒重来、又改了回去的问题。

而这种折腾是以司法发展停滞、倒退和公信力受挫为代价的,是以牺牲无数司法官的成长为代价的。

比如司法责任制改革就存在主诉检察官—主任检察官—员

额检察官—主办检察官这样的变化，是否有轮回之感？放权问题也存在放了又收、收了又放的反反复复。职务从多到少，又从少到多，部门副职从减到一个都没有到现在的四五个，越是基层反而越是臃肿。从树立司法官的中心地位，到重新强化行政管理权的中心地位，也不过两三年的时间，甚至还会有一种报复性反弹。

大家发现权力与司法其实是两码事，真正的权力是能够真正影响司法者的权力，而不是司法本身。司法只是一种责任、压力和负累，它不是权力，更多的是责任，真正的权力并不需要这么累。这个时候你会怎么选择？

仅仅为了这种形式意义上的精英化，我们也耗费了十几二十年的时间，司法官定级十多年前就启动了，但是中断十年之后，才正式全面推开。而且直到目前，配套机制和衔接机制依然没有完全到位，那么这中断的十年去了哪里？

改革的节奏稍有错位，落到司法官的头上就是一生的命运。比如地市级以上的司法机关，只有在 2016 年之前任过助检员或者助审员的才可以在本院入额。但由于预备改革时间长，有些地方提前很久就不再任命助检员和助审员了，这就意味着即使你 2016 年之前被遴选到这些上级司法机关，也会因为你没有当时的这个身份，而错过了这个在本院入额的窗口，但是当初谁又知道？

不能享受老人老办法的待遇，本身又不再年轻，很多当初从基层遴选过来的年富力强的司法新人，到现在也都工作十年了。已经不再是新人，但是还要与新人一起执行新人新办法，也就是原则上要到基层院入额。

对于幅员辽阔的省份，这个基层可能就在数百里开外了。但是已经在大城市安了家，是不可能轻易搬走的：已经上学的孩子，已经就业的配偶，是不可能说走就走的。

仅仅因为入额问题就要承担两地分居或者举家迁移的代价，这是无法承受的，而且在上级单位工作时间越长，在一个地方扎根时间越长，就越不愿意离开。

而且从职业选择上看，当初遴选就是一次重要的选择，就是希望在更高的平台上获得发展，现在已经熟悉了这里的工作氛围和人际关系，甚至做出了不少的贡献，本来应该是获得职业收益的季节，为什么只能离开？

我们甚至都能够理解留所服刑，为什么不能理解留院工作和留院入额？

最后只有辞职和调离，当然也可以留下来继续干，但是看不到希望又如何能够长期付出？

所以，改革的任何缝隙，漏掉的都是无数的人生。

这种以所谓短期的牺牲获得长期精英主义的发展思路，并不是真正的长期主义，更不要说真正的司法精英主义正在被司法行政精英主义所取代。

2.

必须从助理和员额两个脉络来打通司法官的循环问题，这就像人的动脉和静脉一样，是一个双循环，不是一个单循环。

本院助理不论是否具备助检员和助审员的身份，都可以在本院入额，这种留院入额权是一种合理的诉求，既符合人性，也符合人才发展规律。因为助理作为司法官的梯队，理应有代际传承和更替，这种循环主要在本院发生。

应该关闭的通道，是上级司法机关面向社会和学校的直接招录。也就是说，大学生只能从基层开始干，上级司法机关只能从下级司法机关遴选助理和员额。

注意，不是只有遴选员额一项，助理也是需要遴选的。因为级别的差异，很多在基层院刚入额几年的员额，都不符合在上级院入额的条件，但是可以遴选到上级院先当助理。这同时也是在满足上级院助理的人力资源缺口，上级院因为办理重大复杂案件，需要开展督办指导协调，更应当配置必要的司法官助理，而这些助理就是要补充的新鲜血液。由于老的助理不断成熟起来要入额，自然需要不断有新人进来，这是助理这条线的不断循环。

而上级院员额的补充来源不应只是下级院或者只是本院，这都不对，都会把助理这条路堵死。必须要保证两个来源都可以为上级院的员额队伍输血。

本院的助理入额有代际更替的问题，他们辅助员额工作很多年，耳濡目染地都学到了很多本领，熟悉了上级院的工作内容和工作方式，这一点是与基层院有很大区别的。而且也只有能够在本院入额，这些助理才会有积极性，才会有下级院的年轻助理和年轻员额不断被遴选到上级院。从而保证上级院员额的辅助力量也同样是非常优秀的。

由于上级院的工作模式和内容与下级院有很大的不同，因此这种师徒传承式的培养方式也有利于保持工作队伍的稳定性。

下级院资深的员额直接被遴选到上级院当员额这条路也要保持通畅，这两条入额通道应该保持一定的数量平衡。从而保证一些办案经验丰富的基层检察官能直接充实到上级院的员额队伍之中，进而保证员额队伍成员的多样化，使之更有活力，避免受到过多的官僚主义的影响，否则只会办事不会办案。

这样可以在保持上级院员额经验丰富和工作模式稳定的同时，带来基层最直接的经验，保持并提升上级院的办案能力和指导能力。这也使上下级员额有流畅的通道，使遴选这个通道不仅仅为年轻人开放，也为这些资深的司法官开放。这也有利于基层院司法官安于在基层院工作，在获得丰富经验的同时还是有晋升机会的，避免过了一定年龄就要"焊死"在基层院。而且正是基层院员额向上流动，才能为新入职的年轻人腾出入额空间。

这种空间的腾挪，由于有年轻司法官的助理遴选和资深司法官的员额遴选两条路，使出路变得更加开阔，增加了基层司法人员的发展选择机会。

对于上级院来说，在助理和员额两个点位吸收下级人员，使这两部分人员都可以得到补充，从而避免岗位比例的失衡。同时又允许资深的助理在本院入额，这就可以避免助理陷入职业恐慌，从而可以长期投入，并且维持了本院岗位的流动性。

岗位的流动，一定不仅是上下级之间的，还可以是本院内部的；一定不仅是员额之间的，也是下级助理与上级助理之间、下级员额与上级助理之间、下级员额与上级员额之间的。

循环之所以是循环，就一定不是单向的，而是双向的，一定不是只有主线，也要有支线和毛细血管，一定是一个系统性的循环。

我们必须用系统化思维来理解和把握人的循环问题，避免管理上的线性思维。

而只有人才的流动才能让人有明晰的职业预期。有明晰的职业预期和希望，人才愿意长期投入，这是人才管理的长期主义。

也就是要给人才以希望，如果不给人才以希望，那流失就是注定的。

改革不能以将任何一部分人甩下车为代价，而应该创造一个公平广泛的平台，只有通过竞争产生的优胜劣汰才公平。经由制度的错位和把发展路径堵死，一定不是一种公平的制度模式，也不利于司法人员树立长期主义的发展精神。

因此，开明公平的制度，符合人性的激励机制，才能营造长期主义的发展环境，实现法治发展的战略性目标。

3.

制度必须要调动人的积极性，制度的长期发展也必须给人稳定的发展预期。

必须有一个长期的目标，从而引导人们做出长期的努力，才能实现长足的发展。

这些所谓的长期目标并不是笼统的概念，而是十分具体和明确的，重要的就不能改来改去，应该一以贯之、坚持不懈，这可能需要几代人的努力，需要经历很多领导层的变迁。

这就需要这种目标必须具有穿越决策层变迁的持续性，具有一种高度聚焦的战略定力，才可能具有真正的发展。我们观察到很多所谓隐形冠军企业的故事，都要经历几代人长期的坚守，才能在一个细小的领域做出卓越的成就。

因为任何卓越的成就都不是一蹴而就的，不是一届任期，甚至不是一代人能够完全实现的，必须有大跨越的、长时间的努力。

但是我们的问题是，对于很多重大的改革只是给一个非常短的周期，就期望有所收获，这是不符合司法规律的。这里面主要的原因就是希望在一届任期内实现"成果可见"。但是真正重要的司法成就一般很难在三五年有大的变化，即使有了一些大的变化，如果不再用几十年的时间来巩固，也很容易随风飘去。

因为换了一个决策层就会有新的注意力、新的关注点，就会把有限的司法资源改弦更张，而一旦既有的改革项目失去以往的政策支持，再加上其内生性动力不足，就很容易萎缩。

新的领导来了，谁还会去拼命忙上一任的改革项目？那么这些改革项目就可能不了了之，空耗了大量的司法资源。这些被消耗的司法资源中，就有很多司法官的宝贵精力和职业成长机会。

一次大的内设机构改革，很多中层的命运就会被改写，更不要说普通的司法官的命运和他们的发展预期了。这种职业发展前景的不确定性和对命运把握的无力感，甚至希望的破灭，将成为他们被迫重新选择职业的动力。

每一次重新选择职业，其实就是一种长时间预期的重新评估。一定是对既有行业和本人职业预期的负面评价，才促使其下定决心离开。而这些负面评价，一定是一次又一次的折腾和死循环带来的。

这些折腾和循环当初都是以美好和希望的面貌出现的，但是经历得多了，就会发现，虽然洗牌的次数多了，但都没有从根本上解决问题，反而最终被问题"解决"了。

这是因为本来应该长期坚持的战略目标没有被长期坚持，

反而不断变换战术目标,甚至将战术目标当作战略目标来投入,投入巨量的司法资源后再迅速转场。无论将战略目标当作战术目标,还是将战术目标当作战略目标来打都是打不赢的。

比如通过司法责任制解决司法行政化的问题,希望司法的归司法,行政的归行政,按照司法规律和亲历性要求来办理案件,但是始终不能持久。从原来的有权力无待遇,到现在的有待遇无权力,始终无法击破司法行政化的边界,无法从根本上解决责权利的统一,最后是只有责任没有权力。那就意味着谁都不愿意真正负责。

都愿意管理别人的办案工作,而不愿意自己办案;都愿意挑别人毛病,但不愿意被别人挑毛病,因为挑别人毛病的人是永远没有毛病的。在司法工作的食物链上,办案成了最底端,成为任人宰割的对象,其他岗位都通过宰割办案而获取自己生存和发展的"养料",这样的办案谁又愿意长期投入,安心付出?

改革的结果走到目标的反面,而改革者有时并不自知,只有另一位改革者出现才会知道,当然其背后的动力其实是新的司法政绩。

虽然这种二次改革三次改革有纠偏的功效,通过否定之否定实现肯定的效果,但是也有偏离既定正确航线的风险,总带有主观决策的某种不确定性。

为了保持司法发展的稳定性,有必要将相对频繁的改革项目出台、启动,调整为重大改革尽量通过实验性立法启动。机制改革降低频次，最高司法机关对地方司法机关的改革项目进行适当审核，纠正"只要改革就好"，"改革注定成功"的司法政绩观念。更多地将司法政绩观转变为对既有重大改革项目的推进落实，以及对既有司法质效的全面评价。

司法的发展其实并不依赖于改革项目的花样翻新，而是依赖于少量关键司法改革的长期坚持和持续推进。

因此，应当从总体上坚持一种更加稳健务实的司法改革推进战略，也就是坚持司法发展的长期主义精神。

只有整体发展的长期主义，才会带来整体的长期稳定投入，激励机制的不断健全完善，职业预期的可靠和稳定，也才能真正带动司法官个人发展的长期主义。

而只有从整体和个人两个角度坚持长期主义精神，司法工作才能得到长足的发展。

这就是长期主义的力量。

效率与质量

　　这两个指标摆在一起的时候，人们往往会说保持平衡。如果不能平衡，往往也是在确保质量的前提下保证效率。

　　因为迟到的正义非正义，因此效率其实也是一部分质量。

　　但是大多数情况下，两者是不一致的。

　　而且事实上，虽然为了确保质量注定要耗费更多的时间和精力，但是由于质量可以避免程序的反复和拉抽屉，因此，从长远上来看，质量是最大的效率。

　　所以，我刚来市院的时候，老处长就直接告诉我，市院的活儿宁可慢点，也尽量不要出错，因为即使是极小的错误也会经过市院的平台放大。虽然是个人的失误，但损害的是整个市院的公信力，而且有些错误甚至是不容易挽回的。

　　这话的意思不是说市院不需要考虑效率，但是为了提高效率而可能产生的失误和错误所付出的成本实在是难以承受的，还不如慢一点，尽量减少错误。而减少错误就将减少巨大的时间补救成本，减少程序来回折腾的成本，这样看起来慢一点，实则是最快的。而且所维护的公信力，更是成为推动工作的无形动力，更容易让一些工作要求得到贯彻落实。

比如有一个案件，当时我还在基层院，因为法院改变定性，市院就要点一下这个案子，做个反面典型，写个案例，就和我联系。我说这个改变定性，有检法分歧的一面，不典型，没有必要写。我们当时也提请了抗前指导，只是分院没有同意。但是被告人现在上诉了，判决没有生效，现在写案例也不合适。只是当时市院的同志执意要写，就按照一审法院分析的理由写了，认为当时指控的定性不准，希望能够在全市发挥一些指导作用。这我也拦不住，也没办法。

但是无巧不成书，被告人上诉后，虽然检察机关没有抗诉，但是二审法院对案件进行了全面审查，认为指控的定性更有道理，最后终审判决又把定性改了回来，与一审指控的罪名一致了。

这样一来，当初市院的指导案例不就尴尬了吗？而且这个"指导"反而成了"误导"了。我就把这个情况向写案例的同志汇报了，也把二审判决寄给了他。最后这个案例就从网上消失了，这件事情就不了了之了。

当初写案例出手确实快，也就是效率比较高，但是质量如果靠不住的话，这个效率反而可能是有害的，是适得其反的。不但没有增加公信力，反而减损了公信力；不但没有起到指导作用，反而可能让人对其他的指导案例也将信将疑。

所以没有质量的快不是好事，这个快反而有可能成了未来的隐患。

这就像盖楼，你再怎么赶进度，质量永远是第一位的，因为楼盖不好会塌，而把楼盖塌了绝不是盖楼的目的。很多时候建筑质量都与工期过短有关，当然与偷工减料也有关，关键是与我们盖楼的监理体系有关。

正所谓欲速则不达，超速就是交通事故的重要原因之一，而一旦发生事故，希望快一些抵达目的地的愿望不就落空了吗？

是谁在催着赶着，让我们快一点？

有时是外卖系统，但是即使只是快两分钟，也是会死人的，这里面有多少外卖小哥的血泪。

系统为了取悦客户，而置员工的安全于不顾，这就是系统性安全风险，从长期来看也不利于效率的真正提高。因为为了快一点，多送一点，会摔单，会受伤，会更加延误。

因为效率不是一个可以任意拧紧的发条，它必须考虑系统的承载力。跑马拉松的人都知道，如果心跳过速，甚至只是配速偏高，我们都要减速，以保持身体的稳定状态，否则真的会死人，至少容易跑崩，而我们的主要目标是完赛。

如果发生了严重抽筋、扭伤等意外情况，那为了健康而弃赛，或者走到终点，都是可以接受的，并不丢人。

毕竟健康是最重要的，持续的运动生命是最重要的，跑步也是为了健康。

而办案的道理与这些何其相似？

办案效率提高的同时也应该记住欲速则不达，也应该记得质量至上。

在任何情况下，效率都不能凌驾于质量之上。

赶时间起诉与赶工期盖楼并没有实质区别。需要延期退补的为了效率指标而不延期退补，即使起诉出去了，法院也还是要延期审理让你退补，这个效率并未提高，这是节奏延后了。但问题是，这时如果证据补不回来就会被撤回起诉，改变定性，减少罪名和事实，这些都是我们决定不了的。因为如果你没有真正做好准备就诉出去，那就被动了。

本来想提高点效率，现在变得既没有质量也没有效率。

因为不以质量为前提的效率是最低的效率，而能够保证质量的效率才是稳中求快。

与其求快，不如求稳。

人生如此，案件亦如此。

当然捕诉一体后，我们确实有了一些求快的理由，因为捕诉一体应该发挥 1+1>2 的功效。领导认为，既然同一个人既办捕又办诉，自然应该比两个人更快。这是有合理性的，但关键是它只是理想条件意义上的。

这有几个理想条件需要满足：

（1）对捕诉的要求和原来是一样的，也就是说工作负荷一样；

（2）对捕诉节奏已经适应，捕诉工作都已经熟练掌握；

（3）人案比保持相对的稳定。

但是这几个条件都不是特别具备。

首先，捕诉一体从 2019 年开始大规模推进，但同时推进的还有认罪认罚，而 2019 年同时也是扫黑除恶的攻坚之年，还有因为诉讼监督数据而进一步加强的诉讼监督工作。这些工作必然给捕和诉都增加了很大的工作负担，这些负担在捕诉一体之前并不明显。

也就是说现在捕诉的工作负荷都比原来增加了很多，即使有捕诉一体工作效率的提升，也无法对冲工作负担的增加。

其次，捕诉节奏需要一个阶段的适应，因为开始的时候自己捕的案子还没有回来，现在办的捕和诉的案子都是新收的，都是新案子，这就会使受案量激增，必然影响工作效率和质量。而且捕的节奏很紧张，很多公诉人也不适应。这边还有公诉案件要办，批捕案件又要首先办，有限的精力必然受到影响，应该进行的所谓的引导侦查工作，有些就无法那么到位。这就必然影响这些批捕案件移送审查起诉之后的审查效率，自然难以避免的还是要有一些退补和延期。

这种工作方式对办案质量和办案节奏的冲击不是短期内能够完全扭转的，现在的延期退补其实可能只是半年前仓促应战的欠债。你现在批评他：当初怎么不知道落实捕诉一体的要求，对批捕案件进行实质性审查，对侦查工作进行精细化引导？但是当他同时在办公诉和批捕两份案件时，领导可曾考虑他工作量激增的难处？人员是否配置到位？能否解决捕诉一体初期的节奏转换问题？

甚至有些地区刑检人员本应到位的都没有完全到位，还要补充到其他三大检察，还有其他业务部门之中。

人案比一时失衡必然严重冲击办案质量和效率，而前期的办案质量更是影响后期的效率。所以作为后手，一般都希望前手能够细致一点，而不是太着急。

除了检力资源配置的问题，捕诉能力适应也是一个问题，无论是公诉还是批捕，对彼此的工作都需要一个新的适应过程。虽然说公诉人的综合能力更强，但对于批捕快节奏的突击性审查，还是有些不适应，因此虽然审查逮捕这个前置性窗口给了你，你也未必能抓住。也还是先简单打打再说，等公诉的时候再细看。但是到了审查起诉的时候再一细看，就会发现很多问题，而这些在侦查初期比较好解决的问题，在侦查终结之后就变得不好解决了，延期退补就变得不得已了。原来批捕的同志还有一个对指控标准的把握问题，对出庭的畏惧问题，自然在出手时也会谨慎一些，这些都必然影响到诉讼效率。

但是这些诉讼效率其实都是工作模式转型期的必然产物，人和机制都有一个磨合适应的过程，在没有磨合完美之前，就难以实现效率的最优化。笔者认为，这个磨合期在人员到位的情况下，至少也需要两年。而在人员没有到位的情况下，时间其实会更长。

因为一个周期错位和不适应想要倒回来是非常难的。这个时候的求效率，并不会真正地提高效率，往往都是以牺牲质量为代价的，实际上是饮鸩止渴，给自己埋雷。

而且牺牲了质量的效率，也不会真正实现效率的提升，它会以后续程序的反复为代价，将提高的效率全部找回来，并且还要倒贴不少，这些后续程序的反复，比如延期审理，法院建议补充证据，建议调整量刑建议，建议变更起诉，或者上诉后改判、发回重审，不仅增加了自己的工作负担，还会增加上级院的工作负担。

这些诉后工作量的增加必然会以挤压在办的捕诉案件的时间为代价，从而进一步影响案件的质量和效率，进而形成一种恶性循环：越着急越有事，越想了结越了结不了。

就像冤错案件，快一时，但会折腾你几十年。有些没有沟通到位，也会引起长期的信访。很多都是急于求成惹的祸。

再次，决策层普遍存在着对捕诉一体之后工作效率提升的过高估计。从而使捕诉一体之后的刑检人员案件负荷偏高。比如原来办理公诉案件 100 件，现在你让他办公诉案件和批捕案件各 100 件可能是不现实的，但也不是只办 50 件公诉、50 件批捕，而是可以适当增加到 60 件公诉、60 件批捕。但如果过高估计捕诉一体工作量的提高，将刑检人员过多调离刑检队伍，导致现在人员承担的案件是 80 件公诉、80 件批捕，这就有点多了。

这些案件基数和现在对捕诉工作提出的更高要求放在一起，就构成了刑检队伍过重的工作负荷，这就进一步使工作节奏调试、捕诉能力适应的周期更长，使工作效率的真正有效提升变得十分缓慢。

形式上的效率提升都是硬挤出来的，都是以牺牲案件质量和长期效率为代价的，而更高层次的案件效果更是成为了一种奢望。这实际上形成了司法的短期效应。

我认为对司法工作的评价，仍然应该是质量为王，确保质量的效率才能长久而有效，才是真的效率。事实上，这个意义上的效率其实也是质量意义上的效率。

与其如此高度地关注效率，倒不如将这些精力放在质量这个维度上，也许这样才更有意义。因为质量的意义对公正而言更具有实质性，但是任何的关注都要保持一定的度，保持这个评价维度与其他评价维度的相对平衡。

累积的力量

我感觉司法不是爆发力很强的权力，它很难产生那种天翻地覆的变化。虽然也在改革，也在求变，但与社会的发展相比，还是非常缓慢的。

在司法领域，无法看到经济领域那种指数级的变革，那种天赋性的创新。与行政机关相比，司法机关的变化也要慢得多。

司法是一种稳健的变革力量，它对社会的影响依赖于一件一件具体的案件。这些案件的诉讼程序是由法律规定的，不会轻易修改，即使修改也是在架构稳定的基础之上，进行微观的调整。

比如刑事诉讼法，每次加一个条文，但基本程序和原则不会轻易地变化。认罪认罚制度就算是很大的变革了，前期也还是进行了为期四年的立法试点改革，非常慎重。

刑法的变化主要就是在增减罪名和个罪上面，动总则的时候是很少的，有条件地降低刑事责任年龄这件事，都讨论了十几年了，最后才落地，而且需要最高人民检察院核准。

司法发展的节奏比较慢。因为司法有自己的特殊性，它对社会的影响就是通过一件又一件的案件完成的。

它对社会的影响是点状的，不是面状的，是非常具体的，体现为一个又一个鲜活的案件。

这些案件周期有时候很长，从侦查、起诉到审判，有些会历经数年的时间，长达数月的就很平常。

而这些案件涉及的生命、自由和尊严，都是极为重要的基本权利，也必然需要极为审慎的态度。

正因此，司法相比于其他权力或者其他权力的运作模式，就更加注重长期效应，奉行长期主义的精神。

突出重视的是累积的力量。

司法不可能通过一个案件对社会产生多深的影响，虽然有这样的案件，但是不多。

但是司法可以通过一件又一件案件向社会传导一个理念，日积月累就会发生变化，甚至会影响一些根深蒂固的偏见。

比如正当防卫案件，虽然我们知道昆山反杀案影响很大，很多恶人要有所收敛。但是如果只有这一个案件，就很容易被人遗忘。因为人们虽然在意远方的报道，但是更加在意的是身边人身边事。

昆山虽然是这样办的，但是南山、北山如果还是唯结果论，还是机械执法，那还是无法将这个法条激活。

而且即使身边的这类案件多了起来，胆子小的人也还是会以为这只是个别的情况，还是不敢出手，那就需要我们长期坚持这样的司法理念，用一个又一个这样的案件，用实际行动向公众展示司法力量的坚定不移，这才能让人信服。

但是有时候我们并不是特别在意这种累积的力量。

我们满足于一些特别的个案的广泛宣传，但是在普遍的办案实践中并不坚持这样的理念。虽然我们都学习了正当防卫的案例，但我们在办理其他案件的时候，还是优先考虑结果，对案件的起因没有给予太多的关注，老以为这种先进理念，是先进地区、先进典型所要坚持的，自己只是一个普通单位的普通司法官，没有必要一定要搞得那么先进，还是要坚持既有的惯性。

虽然我们自己转变过来了，但是领导的理念转变不过来。而且司法责任制还没能很好地贯彻落实，还是要坚持审批制的管理方式，这样领导的司法理念没有转变过来，他就不会批什么正当防卫，还是要坚持配合侦查机关，坚持谁伤得重谁有道理，谁闹得凶谁有道理等错误理念，还认为搞不起诉就是有人请托，就要重点防范，这样就会把已经转变过来的司法理念扼杀在摇篮之中。

如果只有个别的案件坚持了正当防卫等司法理念，大部分案件还是我行我素，那公众的印象就不会扭转过来。

因为公众能够分清楚，哪些是说的，哪些是做的。说得再好，也没有做得到有信服力。

这些做的，就是一件一件案件，它们累积的就是司法的公信力。

虽然立法修改了，理念树立了，但是还是需要用实际行动予以证明，通过司法办案使文本上的法律成为活的法律。

有些时候，理念转变是比较慢的，可能未必能够一步到位。比如在其他地方能够直接做法定不起诉的，在这边只能做相对不起诉，或者只能起诉判个缓刑。不管怎样，相比于以往一律判处实刑总还是好的。

只要往前迈一步都是好的，也就不要刻意要求一步到位了。

有些理念保守的地区，在思想转变上就是会慢一点，我们应该接受这个现实，允许他们进步的幅度小一点。

但我们要求的是这个进步的趋势不要停止，一步一步向人性化执法方式迈进。

这是一个步步为营的过程，每一步都是一次司法的累积，都会成为后一步的基础。

只要这个步子是向前的，就会与终点不断地接近。

这里面真正的难题，不是搞定一些重大敏感案件，而是在所有案件中都能够持续不断地坚持。

当然不可能每个司法官都是步调一致的，但是这应该成为一种主流，这种主流应该坚持一种进步的司法观念。

每一名司法官坚持每件案件都认真办理，他的司法能力肯定会日渐精进，会逐渐成为专家型的司法官。

绝大多数法官，都秉持这种司法专业主义和司法长期主义的精神，就可以为司法机关累积起成百上千的靠谱的案件，让公众感受到司法机关的力量是在不断向前的，对司法工作的信任也会逐渐建立起来。

事实上，我们对一个人的印象就是通过一次一次接触，一件又一件事形成的，我们对司法机关的印象又何尝不是如此？

司法机关的公众形象就是由这些一件又一件或大或小的案件组成的。甚至可以说，司法机关的形象不是大楼、大法庭和警车，而是一件又一件具体的案件。

事实上，作为司法官，我们的职业不也是由这些具体的个案组成的吗？你办的案子就定义了你是什么样的司法官，什么样的司法人格。对司法机关而言，也是同样的道理。

不仅仅是那一两个大案子，而是所有的案件，都在定义我们自己。

因此，我们要在意每一次与当事人的接触，每一次出庭公诉，每一次收集调取证据，因为这些证据也构成了对一个案件的印象：能不能判下来，能不能站得住脚。

每一件小事都很重要，每一个细节都重要，有了这些小，才会有那些大，因为大就是由小汇集而成的。

我们在意这些小事、小案件、小地方，在意每时每刻的表现，就是在意累积的力量。

累积的力量是海纳百川的力量，是水滴石穿的力量。

就像写作，偶尔写一次是容易的，难就难在一直写。偶尔发表一篇文章，有用，但是没有大用，也不可能造成特别大的影响。但是一直写就可以累积这种影响。

这就像从量变到质变，需要一个过程。

社会观念的变革需要影响达到一个临界点，而每一件个案都是一次量变。我们推动社会观念发生一次变革之后，那司法的影响就会有一个指数级的跳跃，并且容许我们在更高的起点上开始新的量变累积。

累积的力量实际上就是量变的力量，我们敬畏的不是一次的量变，而是持续量变所产生的质变，以及量变—质变的反复循环的前进方式。

这种量变—质变的螺旋式发展逻辑，就是累积的真正力量。

长期主义是一辆远去的列车

长期主义并不是一段悠闲时光，以为时间尚早而可以不着急。

长期主义是一辆驶向远方的列车，明确而坚定，启动时很耗费能量，但是一旦启动就会拥有巨大的惯性，并且有既定的轨道，可以按时抵达远方的目的地。

铁路建设本身就需要长期主义的精神，在近现代以来，建铁路都是一个战略性的工程，需要巨大的投入，当然投入之后也会有巨大的收益，一旦被纳入路网就相当于被纳入了文明的体系。而那些交通节点就一定会收获长期的红利。

火车只是一个隐喻，它是一个巨大的意象，让我们看到推动一个长期而巨大的目标有多不容易。这需要系统性的准备，需要稳定而持续的动力，有着坚定不移的发展轨迹。

虽然到达终点还有很长的时间，但是一刻也不能停留，每一公里都需要你脚踏实地地走。这不像坐飞机，可以瞬间达到很高的速度，可以在不同地点之间"跳跃"。

火车由于接触地面，平稳安全，给人一种很踏实的感觉。这也是很多人害怕坐飞机，但不害怕坐火车的原因。

在认罪认罚推进的过程中，有时候数据上不来，有些人就比较着急，我就和他们说这个比喻。我当时就和他们说，认罪认罚就像一列火车，是很难启动的。

首先因为它体量特别大，它的适用率要达到百分之七八十，这个比例就意味着绝大多数案件。这就必然要涉及全部刑事检察条线，需要所有刑事检察人员的共同努力，它是一项系统工程，需要解决内部管理机制中的数据统计分析考核，办案机制中的文书流程简化，外部协调的公检法司的齐心协力。甚至还包括值班律师配置以及入所难等问题，还有教育转化能力与量刑建议精准化能力等等，很多都需要一把手亲自抓，一个瓶颈不打通，这个火车就跑不起来，也快不起来。

而这个打通是不可能一步到位的，就连人的认识都不可能一步到位，在认罪认罚通报推行半年之后，有些院逐渐重视起来，才逐渐开始解决认罪认罚的瓶颈问题。

即使解决了这些瓶颈问题，检察官自身的动力和意愿，理念和意识也还是有一个转变的过程。

有些人才开始知道什么是认罪认罚，我们需要做认罪认罚，但是从知道是什么，到知道怎么做还是需要一年半载的时间，量刑建议能力的提高更是需要长期的经验积累。

因此数据不可能上得那么快，但是只要我们持续地推动，效果就会一点一点显现出来。

这个数据就是每个月几个百分点的增长，但是只要我们的推动是持续的，这个增长就会是持续的。

一旦达到一定的规模，实际上就相当于上了轨道了，这个时候即使放松了行政推动的力度，认罪认罚这项工作也可以按照既定的惯性前进，因为这已经成为检察官的一种潜意识，成为他们办案时的思维方式。

当然，维系较高比例的适用率，不断提高的确定刑量刑建议提出率、采纳率，仅有惯性是不行的，因为高速行驶的列车是不可能仅仅依靠惯性的，还必须有一个持续而稳定的动力源。

动车组之所以可以高速稳定运行，就是因为其动力分散在各个车厢，每一节车厢几乎都有一个动力源。

对认罪认罚工作而言，这一节车厢就相当于一个检察官，他们每一个人的推动意愿，就构成了认罪认罚这列火车的动力源。

因此要想长期推动认罪认罚这项工作，就需要焕发出每一个人的动力，这是一种内生性的动力。

这个动力来自于职业成就感和荣誉感，因此，我们就要通过认罪认罚典型案例专刊、优秀案件评选等活动，让真正优秀的认罪认罚案件能够被人看见，使之成为一种职业荣誉，通过荣誉感来激发人性才能获得持久性的动力。

因此，对于一个集体来说，要想长期推动一项工作，依靠空洞的说教和行政命令的方式是不能持久的，只有依靠每一个人发自内心的意愿，通过趋利避害的人性才能让一项制度扎下根来，融入血液之中。

对于一个人而言，怎么才能长期地投入、积累，去做有意义的事，来丰富自己的人生，不断实现自己的迭代和变化呢？

首先就是要有个长远的目标，定这个目标并非好高骛远，但也不是那么轻易就可以实现，而是必须要付出长期的努力。对实现目标那一刻的喜悦想象得越具体、越真实，可能付出的努力就会越大。

树立目标是重要的，也是相对容易的，最重要的是如何实现这个目标。

这就需要长期主义的精神。

偶尔努力一次是容易的，但是长时间、数十年专注地去做一件事就太难了。

因为偶尔的努力不能解决真正的问题，任何真正的成就一定是需要长时间，比如数十年的持续努力才行。

这些努力和付出同样也是一列去往远方的列车，启动缓慢，但是步伐坚定。虽然负担很重，但是持续加速是可以减轻能量损耗的。

促使火车到达目的地的，不是一次的突然加速，而是这些不徐不疾的持续运动。

但是持久的努力是很容易让人厌烦的，容易产生疲劳感，就像跑步一样，很多时候需要克服的不是体力的不足，而是精神的懈怠和畏难情绪。

克服这些需要极强的意志力，这种意志力能够强迫自己做正确的事。

如果你能够一直坚持做正确的事，那成功就会变得相对容易。

坚持做正确的事，也就是坚持长期主义中最难的，就是克服拖延症、孤独感和急躁心理。

那些真正的成果是不容易获得的，很多人付出一些之后，就很焦急地等待一个说法和结果。

但是很多中间地带是没有说法的，这就像在戈壁上行驶的火车，和下一个车站的距离还有很远，在这个过程中我们必须要学会耐得住寂寞，要学会延迟满足。

长期主义最大的难题就是克服孤独和寂寞，不要轻易地犹豫和摇摆，否则那些前期的付出真的会付之东流。

这就像跑马拉松一样，有多少人在中途都想过放弃，但是大部分人都克服过来了。

我自己也跑马拉松，我明白，我们之所以要跑完马拉松，其实是想给自己一个交代，让自己知道自己是不会轻易放弃的。

因为我知道，如果我放弃过一次，就会有第二次，我就会变得不那么坚强。而每一次咬牙跑到终点，我都会感谢自己一次，我的意志力就会增强一些，我能够跑完马拉松，就可以去完成别的正确的事。

而不断地坚持做正确的事，做对自己有帮助的事情，我们就会获得长足的发展。

这就是累积的力量，长期主义所奉行的就是从量变到质变的力量。

在现实中，想要获得快速迭代，往往没有多少跳跃性的机会，但持续而坚定的小步快跑却是我们每个人都可以做到的事情。

做就是了，让时间证明一切吧。

司法的长期性

　　司法是通过案件来影响社会的，而案件的特点是个体性。也就是说案件是一件一件产生的，不是量产的，是手工定制的。

　　即使同为盗窃案，也有细微的不同，被告人也有着不同的经历。没有两片一样的树叶，也没有两件一样的案子。

　　而案子再大，也都有局限性，尤其是我们不是判例法，无法通过个案直接创造规则，也无法通过个案废止某些法律，因此案件所能够产生的实质影响都非常局限，都还只是影响具体的法律关系。

　　因此，我们的司法对社会的影响更像是雨滴之于大地的作用，每一个雨滴只能浸湿极小片的土地，有些甚至没有落到地上就蒸发掉了，但是只要连续地落下来就可以浸润大地，让万物生长。

　　司法对社会的影响就是润物细无声的。

即使我们不能直接创造规则，但是至少我们可以影响人们的观念。起初只是影响个别人的观念，以司法者为圆心，不断地通过案件的方式，就可以影响周边人的价值观念。这些被影响的人，可以以这些案件为证明、为实例，进而影响他们周边的人，这样，这个影响就像涟漪一样可以扩散开去。

而这些影响多了，自然就产生了修改社会规则的民意基础，进而产生变革规则的作用。

这样，司法实际上就在间接地影响规则。

甚至不仅仅是影响规则，而是塑造规则的生态。

那就是人与人之间的平等性，以及机会的公平性，合法权益可以获得妥善的保护，公平竞争的优势可以得到可靠的保护，优胜劣汰的秩序可以得到维护，良性竞争和发展的态势可以得到鼓励。

司法不仅保证公平，也保证资源配置的效率，而这种保护是通过保证合法的产权、交易的效力、知识产权、安全和秩序而得以实现的。

正因此，司法也是投资环境的一部分。

司法不靠谱，就意味着规则不靠谱，因为再靠谱的规则也必须通过司法才能落实，才能维护。

司法是活的规则，是现实的秩序。

而司法要想达到一种良性的状态是极为不容易的。

它也需要一个长期的培养过程，培养一批忠于法律的司法官，并且形成一个公平的规则，能够保证司法官忠实地执行法律，不受外力的干涉。

那首先，外力干涉的氛围就应该收敛，而且这种势力不能过于强大，否则司法也难以抵抗得住。

忠于履职的司法官可以得到鼓励和保护，而不是受到压制和迫害，这样才能真正地落实司法办案责任制。

只有司法官真正地落实司法责任制，案件的办理才能真正发挥维护社会公平正义的功能。

通过维护个案的公平正义，长期不懈地坚持下来，一个地区良好的社会风气和市场秩序才能够树立起来，才能真正实现良法和善治的效果。

从这个意义上来说，司法是元规则，司法是影响社会规则的规则。司法官是可以影响社会观念的人。

这种良性规则体系和秩序的塑造，就像自然环境一样，也需要长期的保护和调养，需要休养生息。

需要让司法官逐渐地发挥调节社会规则的作用。

人为地指令司法官办理案件，就像人为地调整自然规律一样，最后只能产生破坏自然环境的效果。

尤其是司法环境被破坏了，就相当于社会规则的元秩序被破坏了，其结果自然是毁灭性的。

司法是纠纷最后的合法解决途径，如果这个途径被破坏掉，那就只能诉诸不合法的解决途径。

尊重司法，就是要尊重司法的长期属性，这是司法的基本规律，操之过急只能适得其反。

重要的并不是一件案件有多深刻地改变了社会；重要的是对社会有良性示范意义的案件层出不穷的趋势，并且这个趋势可以得到长期的维持；重要的是这种趋势所展现的不可动摇性。

量变与质变

上小学的时候，我说了一句我妈至今都可以拿来取笑我的话，那就是：语文是最好学的，因为生字越来越少。

因为这个"谬论"，我在小学毕业之前，语文成绩很少超过七十分。

但是我确实很讨厌机械记忆。

后来经过一系列的变故和老师极其郑重的提醒，我才开始认真学习语文。

那就是多读书，即使是读杂志也行，甚至读简单的图画书也行，反正是开卷有益吧。

其中有一件事就是背唐诗、宋词和古文，我下定决心每天多背一首，一开始为减轻心理压力，只是挑一些简单的、学过的背，把这些都背完了，再找语文课本里还没有开始学的，提前背。最后也会背一些长篇，比如《琵琶行》《将进酒》《梦游天姥吟留别》，等等。

用了一两年的光景，我大致可以一口气背三百多首古诗词，一开始倒没感到有什么，但是慢慢地对词语搭配的精准度有了一点感觉，对古汉语有了一点感觉，对诗词中的意象、韵味和套路有了一些心得。

后来慢慢不再背了，而是改成尝试写一些古体诗或填词。但是当初的目的不纯，其实是想借此引起女生的注意，博得芳心，实际上是想提高性吸引力。因为家境一般，又无特别强壮的体魄和英俊的外表，这也算是唯一的依凭。后来在婚恋的过程中真的有了用武之地，可见"书中自有颜如玉"，此言不虚也。

但是我想强调的，是这种量变到质变的力量。

我原来是对数学十分敏感的人，现在却以文字表达为主要工作，事实上即使是办案也是以案头工作为主，这其中就有巨大的变化。

对语言的理解力其实是一个持续累积的过程，没有太多的捷径可走，如果没有反复背诵古诗词，以及"为赋新词强说愁"的青涩习作，就不会在比较短的时间内，树立写作上的自信。

而没有持续的阅读，尤其是非专业性的广泛涉猎，也就不会有思想上的发散性，就无法实现言之有物。

而这些累积的过程，也不仅仅是数量意义上的积累，而是通过数量的累积达到一定的临界点之后，就会发生一些思想上的化学变化，并进阶为不同层级的思维方式，从而实现思想上的一次次质变。

近五年来围绕司法工作的持续创作也一样，肯定是有一些一般化的作品，但是这些其实都是思想累积的过程。这些思想累积到一定程度，或者碰到恰如其分的情绪，就会产出一些有传播力的作品。而我深知这些高质量的作品和低质量的作品其实是有着内在联系的，是一种累积和迸发的关系。

这些高质量的作品里都有着低质量作品的影子，只是很多人没有注意而已，这也是一种量变和质变的关系。

最重要的还是对自身的影响，通过持续的背诵、阅读、创作——这也是思维不断进化的过程，由于持续的高强度的磨炼，自己的思维水平可以得到迭代进化。

这种进化不是线性的变化，而是指数级的变化。而知识和观念的输出，也同样不只是数量上的累积，也会产生叠加性的影响。

司法的效果也是一样的，司法观念影响的绝不只是一件案件，而是一批又一批的案件。每一件案件都牵动着局部的社会网络，这一批又一批的案件，就意味着一片又一片的社会网络，成千上万件案件，就是成千上万片社会网络，以及随之而来的涟漪作用和持续的影响。

当然，这个影响可以是正面的，也可以是负面的，但是从影响的量级和力度上来看，可能负面的影响会更大，因此可以说持续的负面案件相比于持续的正面案件的影响要大。所以说，我们更要重视这种持续的负面的影响。

只有善意才能激发善意，而恶意只能激发恶意。

不管是正面的还是负面的案件，都不是简单的数量相加，都会发生指数级的变化，也可以产生从量变到质变的效果，但前提是要有持续的累积。

因此，如果是负面的案件要赶紧纠正，要及时制止，避免影响蔓延扩散，不能让负面的势头延续，这有点类似于阻止癌细胞的扩散过程。

而正面的案件，要想让它产生真正的效果，就必须要长期坚持，不能轻易动摇，只有长期累积才能发生质变，否则就容易半途而废，就无法打破传统观念的束缚，就难以冲破既有的工作惯性。

这就需要从理念到案例，从案例到制度，从制度到习惯的持续累积，这是一个漫长的周期，但确实能影响社会的深刻变革——只要我们保持耐心。

因为真正有价值的事情，没有什么是不需要长时间的努力和付出的。

我们追求质变，那就要尊重量变的力量。

每一颗冥顽不化的石子都会感受到法治洪流的力量

观念的转变总是从少部分人开始的，有时候是自下而上的，有时候是自上而下的。

法治的观念也是一样，有时候很多人都达成共识了，但还是有一部分人冥顽不化。

有时候副职转变了，但是正职没有转变；有时候干警转变了，但是领导不同意；也有时是高层转变了，但是基层就是推不下去；还有时是部分地区转变了，但还是有一些地区停留在非法治的思维，并把它当作主流和常态而不自知。

法治生态也是十里不同天。

人的观念是非常复杂的，涉及价值观、认知模式和既往经验。很多人还是习惯于讲老经验，讲习惯做法，习惯成为自然，从习惯中感觉就是理所当然，当新的思想和观念传导过来的时候，会本能地反抗和抵制。

即使这些观念是一些最基本的人权保障、程序正义、法律面前人人平等、法治思维等理念，但是在习惯了官僚主义、重实体轻程序、只唯上不唯实的地区，这些基本的法治观念也很难得到接受和尊重。

就像水中的石头，即使在水里待了很久，但心里仍然是干的，还是无法被法治思想浸透。因为他们自己形成了一个相对封闭的小循环，自觉地将法治观念屏蔽在外。

每一条河流中都会有一些这样的石头。

那河流怎么办呢？

河流的办法就是经年累月地冲刷，并且让石头与石头之间进行摩擦，从而将大石头打磨为小石头，将小石头打磨为沙粒，把封闭的小循环分割开来，最终让每一颗冥顽不化的石子都感受到法治洪流的力量。

但是这些需要极为漫长的时间。

有的时候需要代际更替，因为有些人终其一生也无法接受法治的理念，但是所幸年轻人还有重新教育的机会，他们更容易接受新的事物。

代际更替相当于观念的强制更替机制。再冥顽不化的人也终要退出历史的舞台，真正符合历史潮流的观念和思想，会通过观念的竞争机制被最终筛选出来，成为主流的思想，而新人也更容易接受新的思想。

社会和法治的进步就是通过观念竞争—代际更替—持续影响等几重机制最终实现的。

当然这确实是极为漫长的，有些思想一百年也不见得能够得到全面接受。互联网这么普及了，也还是有人上不了网，有人无法使用智能手机，电子货币也很难完全推广。但是我们知道这些是趋势，也许这一代做不到，但是几代下来就可以做到。

就像现在的水和电是比较普及的了，但当初也是耗费了数百年的时间；互联网已经很快了，但是真正的普及也还是需要很长的时间。

法治的观念也一样，那些最简单的公正、平等、程序正义观念，虽然有上百年历史了，但是在遭遇到绵延数千年的官本位和官僚主义时，也会力不从心。

我们有时候会跟着干着急，觉得这么先进的思想，这么基本的观念和常识，怎么会有那么多人冥顽不化！？

只能说从历史长河来看，我们冲刷的时间还不够久。

只要我们冲刷的时间够久，再冥顽不化的石头都会在历史的长河中成为齑粉。

他们落后的观念和想法，因为无法传承最终会被抛弃，也就是在历史中湮灭。

而在那些自我封闭的环境中，总会因为有些人接受了新的思想，让这个封闭的环境不再封闭，不再是铁板一块，最终让新的观念和思想浸透进来，让更多的人了解。在这个封闭的区域会产生化学反应，产生裂变效应。

有些人因为接受新的观念而融入更大的趋势，并且会自觉传播新的思想。而有些人继续固守旧习，但圈子将越变越窄。

因为落后的思想缺少长期的竞争优势。

这就像水对石头的侵蚀一样，只要有缝隙水就会渗进来，石头就会被分化，从而等待新的侵蚀作用而再次被分化。

只要岁月足够长，侵蚀的次数足够多，新的观念就可以逐渐普及到每一个人。

就像回家过年这样的观念也没有刻意的普及，但是它经过漫长的时间，几乎成为了每一个中国人的共识。

这就是时间的力量。

司法观念的普及依凭的就是时间的力量。

这也是长期主义的信念。

长夜难明，但不要放弃等到天明的希望

《沉默的真相》的剧情显示，江阳在被诬陷索贿一案中直到二审才认罪，主要是辩护人张超的建议，当然也是咨询了知名法学家之后，面对现有证据的现实考量。

至于江阳为什么会低下高贵的头颅，是不是想早日出去给自己翻案，再破侯贵平案，不得而知。

这至少提示我们，始终不认罪的被告人，突然认罪的，可能存在隐情，这个时候对认罪认罚不认真审查，就会成为冤假错案的加速器，因此要格外地谨慎。

一定要确保以往的无罪辩解能够得到真正合理化的解释。

但是江阳在二审认罪的合理化解释一定非常难，因为这个案子从一开始就疑点重重。

1.

江阳一案确实有一些有罪证据，包括胡一浪对江阳索贿的指证，会所服务员关于见过江阳多次出入高档会所，甚至与胡一浪多次见面的证言，从江阳家中搜查出的三十万元现金，胡一浪偷拍到的他与江阳见面的照片和视频……当然，视频是不完整的，主要是对江阳不利的部分，比如他说他从来没见过这么多钱，这是多少钱，等等。甚至我推想，藏在江阳家中的三十万元现金都可能是使用江阳曾经触摸过的皮箱装的，从而可以顺利提取到江阳的指纹，让江阳百口莫辩。

这些链条看似严谨，但是仍然存在很多破绽。

其一是辩解。

江阳在二审之前始终不认罪，可以说是零口供，这当然应该引起重视，尤其是江阳的辩解是诬告陷害，更应当引起警惕。主要就是看这个辩解是否有什么依据，显然是有一定依据的。

首先江阳与胡一浪素有矛盾，而且在本案案发前有矛盾激化的趋势。而且这种矛盾是公开化的，江阳与朱伟当时因为侯贵平一案曾共同去抓捕过胡一浪和孙传福，当时只有胡一浪的手续。案发前，江阳正在调查刑警队大队长李建国讯问期间导致卡恩集团保安队长非正常死亡一案，并申请重新尸检，目标直指卡恩集团。当然这一联系比较隐蔽和间接。

但是胡一浪为了火化尸体，声东击西把江阳儿子带走，让江阳夫妇报警并疯了一样满县城找孩子，最后发现孩子由胡一浪送回来，导致双方大打出手。这表明双方矛盾正在激化。

虽然江阳案的承办人一时也无法查清背后真正的原因，即侯贵平案。但是对于江阳与胡一浪有矛盾，以及正在激化的事实，是很容易调查清楚的。

既然江和胡的矛盾甚深，那江向胡索贿一事就变得非常蹊跷，江阳关于本案系诬告陷害的辩解就增加了相当大的可能性，至少这种可能性不能排除。显然诬告陷害，对于两人矛盾的发展来说更具有逻辑的合理性。

其二是犯罪动机。

如果要论证江阳受贿罪成立，不可绕开的是犯罪动机问题。为胡一浪谋取的利益是什么，也就是江阳为什么要索贿？

胡一浪自然不会说是为了不追查侯贵平案，他自然可以找到更加冠冕堂皇的理由，比如不再通过司法手段滋扰卡恩集团以及本人。

这样也可以将与江阳的矛盾解释为江阳对其本人和卡恩集团的滋扰，而不是正当的司法调查。

而三十万就是江阳放弃滋扰的对价，而且是江阳主动索要的，胡一浪本人就可以不用承担责任，而且他也一定会坚持称他所谋求的其实是一种正当利益，而不是不正当利益。

其三，我们还要对比两人的说法哪个更站得住脚。

对于职务犯罪，这种一对一的情况是经常出现的，但是本案其实并不完全是一对一。

我们在审查职务犯罪案件时，有时也会通过日常性证据对本人的动机进行评估。比如从消费习惯、生活习惯来看他是不是一个贪婪的人，是不是有超出日常开销的支出和需求，或者是否有什么不良嗜好，比如赌博，从而需要大量用钱。

但是从江阳的生活状态来看，并不存在这些证据。正是从胡一浪的口中，我们得知江阳在检察机关任职这么多年，就连一套房子也没有买下。这是县城的房子，并不是大城市的房子，其所驾驶的车辆也是很普通的车辆，可见其日常生活的简朴。

江阳在入职两年后就担任侦查监督科科长，在案发时被称为江检，不知是客气称呼，还是已经担任县院副检察长。而且其本人还是名牌大学毕业，虽然个性一根筋，但始终还是当地政法机关重点培养的年轻人才，可以说前途可期。

他曾在酒桌上自嘲，如果不是因为侯贵平案，他都到市检察院任职了，从侧面可以看到他的才华已经得到市级检察机关的认可，至少市院的吴检对他始终还是很欣赏的，虽然其执着的性格影响了其更进一步的发展，但是在县院的发展还是绰绰有余的。

这样的青年才俊，虽然收入不高，但是在官本位的当下，仍然是很多人眼里炙手可热的乘龙快婿，可以说只要其愿意，很多大户人家也会跑来提亲，他完全可以合理合法地获得荣华富贵。

但是他却选择了一名大他本人四岁的女工，让两位好朋友一时都难以理解。可见其本人并不贪恋物质生活。

既然不愿意"合法地"过上优渥的生活，又怎么可能为三十万向刚刚把他孩子带走的人折腰？这显然不合逻辑。

他虽然有大好的前途，但是一直生活拮据，可见其有很高的志气，是一个非常爱惜羽毛的人。

这样的人，给他送礼他都不可能收，怎么还能主动要呢？

其四，受贿案件的基本规律。

受贿是一种非常隐蔽的犯罪，因为双方都知道这是权钱交易，都要规避查处。所以受贿一般是在非常熟悉的人之间进行的，受贿的人不可能随便收不熟悉人的钱，因为他也害怕最后事情败露，总是要给自己降低风险。这种隐蔽性以及攻守同盟，正是受贿案件不容易查处的原因。

而索贿要么是对特别熟悉、不见外的人，要么是真的有恃无恐，已经到了完全不加避讳的程度，往往是常年受贿或者受贿次数很多，糜烂到了一定程度才会达到后者的状态。

但是江阳的生活看不到任何的糜烂，除了这一起受贿，再无任何犯罪行为，甚至连违纪都没有，这也显然不符合常理，也就是不符合江阳的人设。

事实上，江阳与胡一浪不熟，而且矛盾很深，为什么要冒着被人抓到把柄的风险，偏偏向胡一浪索贿？而且果然胡一浪对其进行了举报，难道江阳傻吗？

江阳如果真要受贿，更有可能是通过其朋友朱伟、老陈等人进行请托，这样更隐蔽、可靠，也才更符合逻辑。

如果真是向胡一浪索贿，更有可能的是通过特别信任、熟悉的中间人撮合，有点像调解纠纷，连带牵线搭桥的意思，实际上相当于一种信用背书，但是并没有这样的人出现。

直接向胡一浪索贿简直是自取其辱，完全不符合受贿、索贿的一般逻辑。

而江阳这样拥有大好前途，又非常重视自己声誉的人，是不太可能将自己置于这种风险之中的。

从这些逻辑看来，这个案子矛盾重重，江阳一案根本没有排除合理怀疑，反而是诬告陷害的可能性更大一点。带着这些怀疑，这个案子一路走到了一审。

细思极恐，可见卡恩集团可以打通纪检审的全部关节，尤其是本案极有可能在异地管辖，那更说明卡恩的势力已经遍及江潭市全境。

这可能也是辩护人选择认罪策略的一个原因吧，其对这个案子不抱太多的胜算。但是从剧情来看，张超其实是一名优秀的辩护人，在上千件案件中都未尝败绩，这不仅是其个人的成功，也是司法进步的表现，是以审判为中心的诉讼制度改革的结果。

但是即使如此，侯贵平仍然不能得到平反，江阳又遭冤狱，大律师还要劝说冤屈的被告人认罪。当然这也可能是一种策略，面对更加强大的外力先选择妥协和保全，从而可以实现早日释放的结果，到时再从长计议。

这其实也是对司法公正的一种深深的失望，一直的抗争者反而认下自己不曾犯过的罪行。

2.

但是这种认罪能否自圆其说？这种策略是否正确？下面我就想重点探讨这个问题。

关于江阳的二审认罪，其实也是我们很多检察官有可能面对的局面：以前一直不认罪，现在到检察机关认罪了，甚至签了认罪认罚具结书。我们有时候可能就觉得，这个案子没问题的，不用再过分担心了。

但是殊不知，这恰好埋下了一个冤案的种子。

可以肯定的是，嫌疑人在侦查阶段、调查阶段所遭遇的压力更大，也就是更有可能认罪，而在那个时候都挺过来了，在诉讼后期的时候，突然选择了认罪，一定有什么特别的原因。

我们先不要沾沾自喜，我们首先要问的是为什么他现在认，为什么当时不认。

这必须要有一个非常合理的解释。

对此，江阳可能也不好解释，只会笼统地说，我以前认识水平不高，没有认识到，您现在这么一开导我，我就想通了。

先打住，你开导他什么了？

作为一名优秀的检察官，他对法律和政策都清楚得很，他以前的辩解是诬告陷害，怎么突然诬告陷害就没有了呢？

前文提到的四个逻辑矛盾能否一一解释清楚呢，这当然是绕不开的话题。

所以这个时候，就不能简单听大致的解释，还是需要细节的推敲。

首先江阳与胡一浪的矛盾是怎么解决的？

他可能会说，这可能是一场误会，其实侯贵平一案没有那么多证据来推翻，原来只是捕风捉影，现在正好也想放下，而且现在也没有房子正好缺钱买房，就想向胡一浪要点补偿。

但是一调查便知，侯贵平这个案子，江阳追查了这么多年，其中发现了很多线索和疑点，有其调查的记录和证据材料为证。

现在卡恩公司的保安队长落网，正要被杀人灭口之际，在提讯期间非正常死亡。而对于非正常死亡一事，由于江阳掌握了其颈部针眼的证据并拍照固定，已经申请重新尸检，就在此之际胡一浪未经江阳同意把他儿子带走，使江阳夫妇陷入恐慌。与此同时，保安队长的尸体被火化，突破案件的关键证据灭失。

但这只是一个线头断了，实际上李建国完全可以成为新的线索。虽然李建国的刑事责任不好追究，但是针眼的照片存在，监控录像该开不开，其责任很难解释清楚，公安机关从向外界交代的角度，要受的行政处分肯定轻不了。而且，还可以借此让李建国被免职，从而让朱伟重掌刑警队。进而可以与江阳联手调查李建国一系列违法线索，将李建国先拿下，而李建国所掌握的信息可能更加丰富，从而还可以再次逼近胡一浪甚至孙传福。

尸体没了只是线索断了，人死了责任在李建国一方，实际上这是追查侯贵平案以来的一个重大进展，就是重挫了卡恩势力的一员大将——李建国，完全可以乘胜追击，进一步查下去。

事实上，我们可以合理地推知，胡一浪、李建国等人干的坏事，绝不可能只有侯贵平这一件。慢慢收集，线索可能更多。

应该说目前，江阳一方处于优势地位。为何在这个时间点，选择向胡一浪投降，并完全不顾及脸面向胡索要款项？这个是说不过去的。

另外，犯罪动机就更是站不住脚，对于一直清贫，可以选择富裕生活但自愿放弃的江阳，最不可能的就是贪恋钱财。如果江阳承认是自己需要钱买房，那可以反问，难道其借不到三十万吗？其实其朋友老陈已经创业成功，筹措资金并不存在突出的困难。

至于其多次出入会所的问题，查一下会所的监控录像即可得知，因为从剧情看，江阳只去过这么一次，从而表明服务员证言存在一定的虚假性。如果进一步向服务员本人核实就有可能发现隐情。

而如果江阳顺着胡一浪的口供说，从而对上收受三十万元的时间地点——判决上都已经记载了，这也是二审认罪需要防范的一个方面，因为证据已经出示完了，很容易根据现有证据重新组织自己的口供。

但是这里就需要回答一个问题，江阳与胡一浪之间是如何联系的？

两人是否之前存在通话记录？因为索贿需要"索要"这个情节，无论是电话直接联系，还是电话预约见面详谈，都需要有通讯记录。即使不是胡一浪的，也可以是两人之间的中间人的。

但是两人没有通讯记录，也没有共同的朋友，或者说与中间人的通讯记录都没有。

这里面显然缺少一个中间链条，显得非常不真实。

所以伪造的案件的最主要特征，就是表面证据可以形成链条，但是细节很难形成链条，因为微量细节很容易被忽视。

只有真实发生过的事实才会留下无穷的细节。

只要我们审查的颗粒度变细，就容易发现证据链条的漏洞，而且随着你的深究，漏洞就会变得越来越大。

即使聪明如江阳也很难将这些细节自圆其说，因为他并非自己陷害自己入狱，他没有为此做任何准备，留下来的真相其实是对他有利的。

关键是我们是否在意这个真相。是不是我们还是怕麻烦，只要被告认罪之后就万事大吉，就不再去追寻背后的真相？

需要回答的问题就是：一个以追求公正出名，甚至在职业发展中不太会圆融变通，生活当中一直坚守清贫的检察官，怎么会突然一百八十度大转弯就贪恋荣华富贵了？这个转变必须有契机和过程，但是现实中根本没有任何契机。

事实上，孩子被带走一事发生后，为了保护母子免受卡恩集团的打扰，江阳甚至与妻子离了婚，就是说他现在是单身的状态。而既然单身了，就更没有迫切的必要去购置房产，没有迫切的生活压力。如果他想过上类似的生活，他直接找个有钱人家的小姐再婚，完全可以解决问题，完全不需要放下自尊去向仇人要钱。

对此，江阳是解释不清楚的，他有合法的途径，为什么偏偏要选择非法的途径？而且这个非法的途径具有巨大的风险，并且还要伤害到其极强的自尊。

这完全是一个没有必要的犯罪，所以它的发生概率很低。

认罪认罚也改变不了这种逻辑的反常性。

3.

这也提醒了我们一点，面对突然翻供的认罪认罚的被告人，一定要反复检验认罪口供和现有证据在细节上的吻合性，以及在逻辑上的自洽性。

因为在诉讼前期压力更大的情况下，他们都能够顶住压力不认罪，在压力减轻之后，再认罪，尤其是上诉之后再认罪，其认罪的理由一定要非常充分才行。一定要排除心中的疑问才行。

带着疑问往前走，就相当于自己给自己埋雷，最后被纠正的时候，司法官也要承担一定的责任。

当然，被告人自己也要承担一定的责任，这种认罪未必是一个好的策略。

因为我们知道，一旦按照认罪认罚程序处理，审理的程序就大幅度地简化，很多实质的、矛盾的争点可能就不会在法庭上呈现，如果真的有冤屈就有可能被忽视掉。而一旦认过罪，即使在申诉的时候也很难摆脱这样的疑问，既然在法庭上都认罪了，还冤枉什么呢？

因为法庭的审理是公开的，是最不可能有刑讯逼供的压力的，在这种氛围的保护下，如果还是认罪，那么对于认罪的自愿性一般人都不会再有太多的疑问。

愿意打破沙锅问到底的司法官仍然只是少数，所以如果真的是受到冤枉的嫌疑人、被告人，最好的策略是始终都不要认罪。在认罪认罚适用率比较高的背景下，这种不认罪会显得非常突出，从而才会引起司法机关足够的重视。

最重要的是，对于不认罪案件的审理是有着充分的程序保障的，所有的证据都需要经过详细的举证、质证，法庭辩论也会更加充分，甚至还有机会申请证人出庭，也就是更加能够体现庭审实质化的价值。

虽然庭审实质化还不能完全做到，以审判为中心还没有完全到来，司法机关还是有可能受到外力的干扰，但越是公开、透明、充分的程序越有可能将案件的问题点展现出来，从而得到社会公众以及更高层的关注，从而才有可能获得纠正的机会。

就像张超最后自导自演的地铁抛尸案，不也是通过获得社会关注的方式，给司法机关施加压力迫使这些旧案的重启，让幕后黑手承受压力的吗？

如果只是自己默默咽下苦果，那别人又如何知道你的冤屈？

其实不需要等到张超案，就在江阳案的时候就可以采取这种方式来为自己翻案。

因为我们要相信总是有尽职尽责的人会被惊醒，就像江阳、朱伟还有严良，他们会行动起来改变世界。

最可怕的不是长夜难明，而是我们放弃等到天明的希望。

最可怕的不是有李建国这样的人，而是我们都不愿意去做江阳、朱伟和严良这样的人，我们都选择了做吴检，而且我们还会一边为江阳的事迹感动，一边劝别人不要做江阳。

如果我们都等待别人来主持正义，那么谁又会为我们主持正义？

如果我们都等待别人去努力改善世界，我们只是坐享其成，这个世界就永远也不会改变。

但是这个世界在向好的方向改变，就是因为有一些不计个人得失的人，有一些甘愿牺牲的人，有一些被现实撞得头破血流的人，以前我们尊称他们先烈，现在他们其实就是一些理想主义者。

理想主义虽然并不现实，但它可以改变世界。

其实没有人是完全的现实主义者，我们每个人心中都有一个江阳，只是需要让他见到光。

天未全明，只有勇气才能冲破黑暗

《沉默的真相》最后等来的只是江阳"同事们"的入狱，但并没有等来江阳的平反，这是为什么？

其实江阳无论在观众的心目中，还是在剧情内部，已经成为真正的英雄，其所用生命捍卫的正义和真相，在最后一一显现。

其在生命的最后一刻，念叨的还是侯贵平的平反，而不是自己的平反。

虽然侯贵平的平反也同样没有表示，但是孙传福等人的定罪判刑一定程度上就是还原了案件的本来面目。

而且最重要的是侯贵平的案子，是事后的一个结论，并不是司法性的结果，自然地也不用通过司法性的正式程序予以纠正。

但是江阳不同，江阳被诬陷受贿的冤案是经过司法程序认定的，必须要通过司法程序予以纠正。

事实上，江阳也提交了申诉材料，只是侯贵平案件不破，幕后黑手不除，阻挡纠正的势力就依然存在，所以当时还不太好翻案。

但是在剧情的最后，幕后黑手已经清除的情况下，江阳自己的案子也应该有个说法了。

可是到最后也没有说法，也许这并不是编剧的疏忽，而是一种非常现实的表现方式。

这里面可能有两个方面的原因：

一是江阳的"同事们"集体入狱，翻案的动力源没了，也就是除了他的"同事们"，已经没有人再关心江阳的案件。关心侯贵平案的有江阳，但是江阳之后再无"江阳"。江阳的际遇，使江潭市政法界噤若寒蝉。事实上，吴检退休前已经当了一把手，而且他在后来见到江阳的时候，他表明他也知道江阳受了委屈，但是作为曾经也保过江阳的领导，却没有力量帮助江阳翻案。

当然，那时候幕后的势力还比较猖獗，而打掉了幕后势力就能解决问题吗？其实还是解决不掉。

二是直接的幕后势力虽然除掉了，但是间接的幕后势力还在。那就是曾经受到胡一浪等人请托帮助操作、推动冤案的政法领导还在位。

即使不是直接的推动，但也因为审查的疏漏和机械执法，而成为维护既判力的既得利益者。

因为如果一个案子被定性为冤假错案，被推翻掉，那所有的承办人员以及相关领导就都要承担责任，严重的是刑事责任，轻的也是党纪政纪责任。这会葬送他们的政治前途，自然是他们要极力避免的。

避免的方式，就是尽量将申诉压下来。

现在申诉人死亡，申诉人的前妻对法律和案情不了解，儿子年幼，"同事"入狱，已经没有能真正推动申诉案件的人了。

也有人说，申诉人死亡，他们的案子就不用翻了。其实错了，显然呼格吉勒图案就是在其死后纠正的。

虽然申诉人死了，无法得到纠正冤假错案的直接利益，但纠正冤假错案从来不是仅仅给当事人看的，这是在给社会一个交代，这是司法公正性的基本依靠，一件冤案一日不纠正，公众便一日对司法机关没有信心。

江阳案一日不纠正，公众对江潭的司法也是一日没有信心，这也是没有新的"江阳"的原因。

因为人们只是看到江阳的悲壮、委屈，没有看到他对司法公正的执着得到公开的认可和肯定，没有看到他的不公平的遭遇得到纠正。

事实上，还死者名誉，实际上是给活着的人看的，不仅是给其家属一个交代——因为其直接受到死者不名誉的影响，同时也是给公众看的。这是在告诉我们，不管到什么时候，冤案都会得到纠正，不会因为人死了就这样不明不白下去。

如果这样下去的话，那么也就没有人愿意再冒着风险来主持正义了。

事实上，即使在孙传福等人倒台之后，纠正江阳案也还是有着巨大的风险的，这注定会得罪当年办理江阳案的纪检、检察、一审、二审各级机关的承办人及领导。

其难度和风险一点都不比纠正侯贵平案小，江阳的命运就摆在这里，出于趋利避害的本能，谁还愿意动？

在张玉环案纠正之后，我就提出了"隔代纠正"的基本规律。也就是要想纠正类似江阳这样的冤假错案，必须要等到当年办理江阳案的有关领导都不在位了，也就是没有任何翻案的阻碍时才能翻案。

但是二十年之后，用以翻案的证据还会在吗，还会有人站出来伸张正义吗？

目前胡一浪已经判刑了，二十年之后，当年的服务员可能都找不到了，还拿什么翻案？

为什么江阳和朱伟这么多年来冒着这么多风险在收集证据？因为他们知道很多时候，过了一个契机，一个证据就找不到了，线索就断了，就没有翻案的希望了。这种紧迫感，来自于巨大的责任感。

但是这种巨大的责任感成了一种巨大的危险，没有人愿意再投入。

地铁抛尸案告破，但是真正的功臣仍然含冤九泉，这让谁能不心寒？

坚持正义成了一种风险极高的个人英雄主义，而那些位高权重的人都是识时务者为俊杰。

江阳就是一个不识时务的人，一个悲剧性的人物，虽然他才是真正扭转乾坤的人，但他的命运太惨了，没有人愿意再做第二个江阳。

如果没有人再愿意做第二个江阳，那么表彰和鼓励到底还有什么意义？我们真正的鼓励到底是什么？

如果没有巨大的勇气，谁又能纠正这些冤错案件，让真正的黑手绳之以法？

而如果谁都不去纠正，也就不会有侯贵平的平反，也就是不会有江阳的悲剧，也许江阳已经成了江检，但是谁来制止孙传福、胡一浪、李建国等人的恶行，谁又来推动司法的进步？

只能靠隔代纠正吗？

即使是隔代纠正也还是需要勇气的，那这个勇气又从何来？

如果都没有勇气，勇气又怎么可能传承下去？那就只能让天越来越黑，长夜更加难明。

事实上，在江阳案纠正之前，天根本没有全亮，只是有一丝黎明前的曙光。

只有江阳这样的悲剧人物能够像英雄一样被传颂，我们才能说天真的亮了。

刑事责任年龄降低核准，不要忘了刑事诉讼法

立法机关回应社会关切，对特定罪名拟下调最低责任年龄，成为热点新闻。据报道，立法机关拟在《刑法》第十七条中规定：已满十二周岁未满十四周岁的人，犯故意杀人、故意伤害罪，致人死亡，情节恶劣的，经最高人民检察院核准，应当负刑事责任。同时，统筹考虑刑法修改和预防未成年人犯罪法修改相关问题，将收容教养修改为专门矫治教育。

想到在修改刑法的同时，还修改未成年人相关法律这很好，体现了法律体系的一体性。

但我个人认为这里遗忘了一部更为重要的法律，那就是刑事诉讼法。

因为经最高人民检察院核准这事，光有刑法干不了，因为这本质上是一个程序问题。

大家普遍将目光集中在刑事责任年龄降低了，忘记了这个降低是需要通过特定程序核准降低的，而不是普遍性的、无差

别的降低，这不仅需要死亡结果，还需要情节恶劣，这是需要裁量和判断的。

那如何能够保证判断的公正性？这必然需要公正的程序。

刑事责任年龄核准降低的案件，一般来说都是现行案件，这与超过追诉时效的核准追诉很不一样，它的紧迫性更强。

一个未成年人杀人案发生了，犯罪嫌疑人是已满十二周岁未满十四周岁的人，首先是公安机关介入，那就有了一个能不能抓人，能不能拘留，能不能批捕的问题。这些问题是年龄核准的前提，想要查清案件的事实，收集完证据之后，才能判断是不是情节恶劣，能不能核准降低。

这个责任年龄的核准降低，就与追诉时效的核准追诉有很大的不同，它不仅涉及检察机关，也涉及公安机关，而且它明显是一个刑事诉讼程序，应该受到刑事诉讼法的规制。

比如这些更小的未成年人诉讼权利的保障问题，法定代理人的介入问题等，甚至还有如何进行辩护的问题，这不仅仅是更加严厉的打击的问题，也是更加严密的保护问题。

因为这些年龄更加小的未成年人，更容易受到恐吓、引诱和欺骗，虽然他们有可能犯下不可饶恕的罪行，但是他们也更有可能成为冤假错案的受害人，甚至因为说不清而背锅，即使他们犯下了罪行，作为更加幼小的未成年人他们当然也需要更加全面的保护。

而这些保护是预防未成年人犯罪法所解决不了的，它需要刑事诉讼法的保护。在这个意义上，刑法只是治罪法，而刑事诉讼法不仅是治罪法，更是保护法，它能够提供刚性的强有力的法律保护。

比如在核准问题上，程序能否公开透明，辩护人和法定代理人在什么时候可以介入，保护被害人的法定代理人和诉讼代理人可以通过什么方式介入这个程序。

这是解决犯罪与刑罚的问题，其程序怎能不由刑事诉讼法予以规制？

事实上，在追诉时效核准追诉问题上，刑事诉讼法就是忽视了程序规定问题，同样的还有单位犯罪的诉讼问题。目前实际上是由两高的解释代行了刑事诉讼法的职能，这实质上是程序法的一种缺位。

核准的既然是追诉，那就当然是一种诉讼程序，而诉讼程序当然是先有程序法的规定，再有司法解释进行解释，怎么可能程序法完全空白，司法解释就自行展开了？

当然，刑事诉讼法并不会说话，并不会主张自己的权利，而法律人会说话，应该替刑事诉讼法主张这个权利，对于这一点，刑事诉讼法学者不应再保持沉默。

如果再次缺席刑事责任年龄的核准追诉问题，那就是一错再错。

这个错的根源，仍然是重实体、轻程序，没有程序法治的观念。这样一来，不仅司法机关会缺少程序正义的观念，立法机关和社会公众同样会忽视程序正义的观念。

而缺少程序正义的法治是难以摆脱人的随意性和恣意性的。

我们要知道的是，实体的问题是弹性的，只有程序问题才是刚性的。就比如说年龄核准这件事好像是确定的，其实是不确定的，不确定什么时候，哪件案件会降低，哪件案件是迫于舆论降低，还是该降低没降低，相关权利人如何发表自己的意见，这些意见如何采纳。会不会因为舆论，将情节不恶劣的案件也降低了，又或者因为其他原因使得情节特别恶劣的案件却没有降低呢？会不会因为外部压力，把一些过失犯罪当作故意犯罪而降低，从而追诉，进而形成一种唯结果论的机械执法呢？

没有严格的程序，每个未成年人都不安全，而刑事诉讼的程序只有纳入《刑事诉讼法》才能保证它真正的严格性和稳定性。

关于责任年龄的问题，好像只要一降低就了事了，但是其实这只是刚刚开始。责任年龄的每一次降低的背后，都一定是牵动人心的大案。而这些大案的办理更是需要细致的法律程序予以规制，才能做到公开透明，为公众所信服。

只有严格的程序才能保证实体正义的长期稳定，因此坚持程序正义就是在坚持司法的长期主义。

第二章

底层逻辑

机械考核，也是司法懒政

笔者曾经多次批评机械执法问题，因为这会造成像气枪大妈案、于欢案、快递小哥案那些违背常情常理的案件，从本质上也必然背离司法公正，损害司法公信力。我将这种司法理念称为司法平庸主义，但这只是司法的外部效应。

随着司法机关进一步加强内部管理，考核评价不断强化，机械执法不仅存在于司法机关的外部，在内部也一定存在只问结果不问原因、不问青红皂白的唯结果论，或者只看数字不分析原因，以个别数据指标判定工作成效的唯数字论。这既是司法行政化不断加强的产物，同时也是司法行政化中的懒政。

虽然是加强管理，但是管理也有一个公正性的问题，也有一个符合常情常理的问题，也有一个主观过错和客观原因的问题，这些问题如果都不去辨析，只是以结果来论，来归责，操作方法倒是简单了，但是能得出公正结论吗，能让人信服吗，对司法行为的规范化能有一个正确的导向吗？只能是司法人员畏首畏尾，最后造成外部的机械执法。

所以这种简单化的内部考核评价机制，也是一种司法懒政。不愿意考虑行为与结果联系的复杂性，结果来自于多重因素的复杂作用，不愿意劳心费神地思考辨别这里面的复杂成因，从而找出哪些是真正需要追究责任的过错，哪些是情有可原的，哪些只是诉讼中必须要承受的风险，而哪些甚至就是司法管理机制的不健全造成的。

这种辨别要耗费很多的精力，有些是内部的执法不具备这种分析能力但又不愿意承认，从而索性来个简单粗暴，有些可能有能力分析而懒得分析，就来个不管它三七二十一。

因为，在他们眼里，这是你的人生，与他何干？就像有些司法官对待当事人的态度：这就是案子，我管不了别人的人生。

当你不设身处地考虑案件当事人遭遇的真实情景的时候，你可曾想到，当你遇到事的时候，别人也不会管你的真实遭遇。这是否也是一种报应？

甚至就是因为你曾经遭遇过内部的简单粗暴、唯结果论，才使你变成了一个不再追问原因的机械执法者。只要自己没有责任就行，其他的也不再考虑了。

是内部的管理理念，塑造了你的执法理念，是不公正的对待传导了不公正的对待。或者是内部唯结果论的氛围，让你变得明哲保身，机械执法只是一种自保的本能。

这些真实的演化关系可能永远都无法查清，也许在每个地方都有不同的表现形式，但是必须承认它们的基因是同源的，那就是对人性的冷漠。没有考虑到站在对面的是一个人，而只是把他抽象为一个符号，从而把自己也抽象为一个符号，没有考虑人性的局限性。

人有不得已的时候，人是有缺陷的，认知也可能是有局限的，事物的发展不是人能够充分把握的，有些就是有不确定的风险，用机械的规则要求人全知全能不犯错误没有失误，这是一种苛责，也是对人性的刻薄。

这反映的是执法者的道德优越感，谁让他落到这里的？以为自己永远不会成为别人的执法对象。殊不知每个人都可能成为别人执法的对象，不是内部就是外部。因为每个人都不完美，都有产生错误、纰漏的可能，这个错误、纰漏如果不被包容和理解，而且还被上纲上线的话，就会成为严重的问题，所谓问题可大可小就是这个意思。

也许有一点是相对安全的，那就是不办案子。有一位老前辈就语重心长地跟我说：尽量少办案子，真是办多错多，不办就没错，少办就少错。这就是一个客观现实，如果拿着显微镜来观察的话，那就找不到多少完全没有瑕疵的案件。而如果不问青红皂白的话，那就无法找到完全没有责任的司法官。

如果只是强调规范和符合规定的话，那只有严格套用法律规定才是避免自己承担责任的唯一处理方式，而严格机械套用法律规定，又会成为机械执法的渊源。

因为如果不想机械执法，那就要考虑实质问题，那就有可能超越一般的执法习惯和尺度，就会摆脱一些形式要件的束缚，在追寻实质正义的同时也必然承担一些逾越规则的风险。

比如在考虑气枪大妈案件的时候，就会与涉枪案件需要重点打击的刑事政策产生冲突，就可能要承担明明构罪还不处理，放松严重刑事犯罪的风险。涉枪案件你都不起诉，你还要干吗？

在快递小哥案中也一样，就会承担大抓大放的风险，存在着大规模放纵犯罪的指责。

在正当防卫案件中，就会与已经形成的伤害或死亡结果产生冲突，总是被质问人是不是他打的？人都死了还不用承担责任吗？还要不断承受是不是在徇私枉法的猜忌。

想跳出机械执法的思维没有那么容易，不仅仅是要突破既有的思维惯性，还要承受既有思维惯性对你的猜忌和敌视。

这些猜忌和敌视还可以借由被害人的申诉、投诉，公安机关的复议复核，甚至嫌疑人、被告人的申诉、控告，其他有关方面的不同意见，启动内部的复查评查这些程序，对你追求实质正义的行为进行责问。

如果这种内部的执法理念也是唯结果论的，而这个结果就是当事人的不满、公安机关的不满，进而这个不满就证明了案件效果不好，随之而来的是案件效果不好就证明了你必然有原因，而你的原因就是没有按照通常习惯进行机械执法。

在这种连环的追问下，你如何能够自证清白？内部执法会讲无罪推定吗？

如果是这样的逻辑，又怎能不让你怀疑人生，从而后悔自己追求正义的一时冲动？真是太天真。

如果所有人都不再"天真"，不再有追求正义的冲动，都学会了明哲保身，原来咋办就咋办吧。那快递小哥的人生还有谁会关注？

所以，其实机械的内部执法才是机械的外部执法的根源，司法管理的问题其实是司法管理的理念问题。

数字评价也是一样，数字只是工作状态的一个表征，不同的司法数字是相互联系的，司法数字与特定的司法环境、社会经济环境息息相关，甚至与管理理念都相互关联。咱就说不起诉是问题，还是成绩？这绝不是一句话能够说得清的。

如果只是使用简单、个别的数字的评价，必然使一个司法机关放弃其他：只追求这个，就会放弃那个。从而形成顾此失彼的局面。

比如你只问实体，那我可能就会牺牲效率；你只问无罪，我就牺牲撤回起诉，以及对法院的监督，以换取无罪的绝对的少，同时效率更是无关紧要的事。

而如果你只问效率，那可能就会牺牲实体，即使案件有些问题，明知会被抹掉一些事实和罪名，也在所不惜，只要不退补就行，因为这个时候实体问题已经不是主要问题了。

但是我们永远都要记得司法是公正与效率的统一，是实体正义和程序正义的统一，任何偏废都将使正义的天平产生偏转，只是用一个问题换了另一个问题，并没有从根本上解决问题。

只追求短期利益的人最后反而会失去长期利益。

从根本上解决问题，首先要从内部的机械执法理念开始，什么时候我们用人性化的执法理念认真对待司法官，他们才会用人性化的执法理念对待当事人。只有良善才能培养良善，只有人性才能催生人性。

人性不是别的，它只是一种将心比心的态度，是了解之同情，是包容同类的局限性和不完美，是对复杂性的敬畏，是对真相的不懈追求，是对人的尊重。

什么是"司法民工"？

之前写过一篇《机械考核，也是司法懒政》的文章，有读者在留言中感谢我说出了"司法民工"的心里话。之前偶尔也听人提过，为什么会有"司法民工"这个概念？就像"码农"那样是一种自嘲，强调工作性质的单调、辛苦。

"民工"实际上就是农民工的简称，是改革开放城乡人口流动的产物，突出地体现在劳动条件差、工作环境差、收入低。所以"司法民工"并不是"自嘲"，它是在讽刺，是司法一线人员抱怨自己的劳动条件差、工作环境差而且收入低。再加上不合理的考核和管理制度，让他们无法获得顺畅的阶层跃迁，被固化在底层，干最多的活，但得到的待遇却是最差的。

这里面也有一种隐忍不发的情绪，但这种压抑和克制，反而让矛盾得不到解决，只是在不断积聚。

这其实是一个危险的信号，这里面可能有这么几重问题：

1. 管理考核僵化，缺少底层声音

涉及考核、管理模式包括改革创新机制的时候，缺少一线和底层的声音。拍脑袋的问题比较严重。即使调研也都是管理层座谈，缺少一线人员的真正参与。

而且方针已经确定了，定调了，再来征求下面的意见，对官僚管理体制来说，一般也不能得到太多不同的反馈声音。即使有不同声音也会被当作杂音过滤掉。

缺少那种完全开放性的决策机制，带着"空口袋"调研越来越少了。

决策系统也缺少扁平化的基层意见吸收系统，如果层层反馈，就必然层层过滤，最后的结果必然是报喜不报忧，听不到原汁原味的东西。

对此可以设置一些直接的反馈机制，比如在检答网设计一个讨论区，在这里每个人都可以提问和回答，可以发起议题的讨论。可以畅所欲言发表一些意见，可以让最基层的意见直达最高层。虽然里面也会有一些抱怨、杂音，但正是这些背景存在，才会让其他人有信心、敢于发表真的意见。才会有真的主人翁的感觉，才会为这个行业的发展提出合理化的建议，而且还有可能被随时采纳。

在关系基层切实利益的重大考核、重大改革等管理制度出台之前，在官方的层层征求意见之外，也可以在检答网，甚至

在其他互联网端广泛征求民间和基层意见，听听不同的声音。通过一定的点击和排名机制，还可以自动筛选出来一些最强的声音。

这些声音如果当时不予以重视，就会成为执行过程中反弹最大的声音，同时也会影响决策的科学性和公信力。

总之深入基层，广泛听取基层声音，尤其是通过一些特别安排，让一些真的声音能够被听到，这其实也是一个决策民主化的过程，有利于司法管理制度更加符合司法规律，符合基层的需要。

2. 司法阶层固化

这几年在推行司法改革，内部的流动性受到了一些影响，上下级的遴选，管理层的公开竞聘搞得少了。上不去，下不来，各个层级之间缺少流动性。

这个流动还不只是工作岗位的变动，这个变动随着内设机构的调整，在横向上肯定也是要有所变动。

这个流动性主要是阶层跃迁的流动性，比如下级单位司法人员向上级单位流动，普通司法人员向管理层发展，这既是一个人才培养选拔机制，也是一种荣誉激励机制。

因为一小部分人的职位跃迁，会带来后续一系列人员的职位跃迁，这涉及了一串人，而实际上影响的远远不止于这一串人，几乎是影响到全体。因为大家都是根据这种司法内部阶层跃迁变动的具体情况，来规划自己的职业生涯。也就是要看到希望。

如果司法阶层固化，或者升迁只限于少数人、个别单位的人员，或者只限于非业务岗位的人员，就会影响很多的"司法民工"。他们会因为看不到希望，而不愿意再承受这些繁重的司法劳动，从而改变职业的轨迹。

事实上，我在《法律职业的选择》中也详细探讨了职业法律规律的问题，凡是优秀的职业系统必然是要建立顺畅的阶层跃迁通道的，所谓的事业留人指的是这个，也就是发展机会。绝不是你就一直干这个活吧，干好干坏也就这样，这不叫事业留人。

因为不管什么事业，能够最大限度地调动人的积极性，发挥出人的潜力，才能获得真正的发展，才会有活力和竞争力。

3. 司法管理缺少人性化理念

有些管理机制的出台，初衷是好的，但是真正用起来就变味儿了。就像有些法律，出台的时候是好的，用起来的时候就变味儿了。

这就是人性化执法观的问题，这一点之前我也提到过。

这里面除了刚才提到的决策民主化、科学化的问题之外，还有两个问题：

一个是司法政绩观的问题。

根本的司法政绩观应该是为人民群众提供最满意的司法产品，只要这个目标达成，就应该是最大的司法政绩。也就是我们要关注的是终极的司法产品。

而在终极的司法产品出来之前，有一个司法供应链的问题，目前我们主要是对供应链进行管理，怎么能更快一点，更规范一点，等等，但是我们可能忽视了终极产品这个问题。

我们把流水线做好了，但是生产的产品有时不是用户最需要的。因为我们没有真正从用户需求的角度考虑问题。

我们考虑的往往是中间阶段的，对半成品的管理，有时候会将它们置于终端产品之上，所以就导致供给与需求的脱节。

我们以为把这个产业链弄利索了，就可以自然而然地生产出满意的司法产品，其实这是一种误解。我们把自己想象的需求当作用户的真实需求，而这个想象的需求甚至都不是一线中与用户接触的生产者提出来的，而是不从事生产的高级管理者提出来的。

这些理念和想法有时好，但有时候是伪需求，而我们为了伪需求所做的所有的努力都不会有市场，用户都不会买账，我们会做无用功。

当然这个跟阶层固化也有关系，很多一线的经验无法融入管理层的血液里，实际上会造成管理与生产脱节，生产与需求脱节。

最后就是内部资源空耗，没有司法效益。

二是管理有没有从人性出发的问题。

并不是一加强管理就有效，还要看怎么加强，加强什么，能不能让干活的人满意。

我们在加强管理的问题上，有时不太考虑干活的人的意见，觉得他们是被动的工具，执行就行了，哪来那么多意见。有意见的，都是没有大局意识，站位不够。

但是管理是这样的，即使嘴上不反对，但是腿上是看得出来的，如果他出工不出力你是没有办法的。

这就像计划经济和市场经济的机制一样，能不能让价值规律发挥作用，那效果是完全不一样的。这只是经济规律吗？其实是人性规律。

司法工作也一样要受人性规律的约束，那就是趋利避害的本能，即使没有物质激励，最好也要有荣誉激励、职级跃升，这是非常实在的。如果干多干少一个样，干好干坏一个样，干与不干一个样，甚至多干不如少干，办案子不如不办案子，那这个管理机制能产生什么效果？如何能够促进司法工作？更不要讲很多管理方法其实并没有过多考虑操作性和可行性，司法者如何承受以及是否适应司法工作规律的问题。

与话语、承诺和机制相比，人们更相信的是行动，是你对激励机制如何操盘——这才是真的管理。

所以管理必须与实际利益挂钩，才能形成司法管理的正向激励链条，也就是用无形之手推动司法工作的发展。

　　"司法民工"之叹，其实已经是一种危险的信号，应该引起充分的重视。在司法责任制完成之后，不少管理机制存在脱离实际，与司法改革方向背道而驰的问题，矛盾正在加剧。使本应最有获得感的司法官自嘲为"司法民工"，这其实是蕴含着非常强烈的诉求和情绪的，决策层应该关注这些弦外之音。

什么是构罪即捕?

构罪即捕,虽然一直受到批判,但是也一直影响着司法实践,虽然近年来多少有减弱的趋势,但要说根除,还远远无法实现。

这个理念和许多类似的理念,实际上构成了司法领域的"潜规则",口中反对,手却遵行,无法逃避。

那么它是什么,又凭什么拥有这种魔力?这是我们需要深入研究的问题。

1.

构罪即捕当初可能是一种进步。主要是和不管构不构罪都捕,闭着眼睛捕,或者管批捕叫走手续比起来,还是一种进步。

那就是坚持了构罪这个标准。虽然现在看起来是一种迁就和过度的配合,但是当时可能还是一种坚持原则的体现,当初也坚持了一番,后来才做出的妥协。就比如附条件逮捕,就是在证据标准上做出的一种妥协,也就是在构罪证据不够的情况下，基于所涉嫌犯罪比较严重这个问题，放宽一下标准，先捕起来再说。

因此，附条件逮捕其实是对构罪即捕的妥协，直到最近几年才废止。

因此，必须要承认构罪即捕的历史进步性。

强调构罪也是对冤假错案的一种预防和反思。做为对以捕代侦、以捕代罚等更为落后思想的批判，那就是坚持证据标准不能动摇，避免放松证据标准，避免成为刑讯逼供的帮凶，这就是进步。

直到最近不批捕率逐年提高，我们也一度认为这是可喜的进步。但是仔细分析才发现，证据不足的不捕还是占大头。这从另一个侧面证明了，"构罪即捕"从未远去，即使到现在，对是否采取逮捕措施的判断，还是以是否构罪为主要标准，逮捕必要性仍然是一个非常次要的概念。

而即使是构罪即捕的"构罪"，我们坚持得也并不是特别好，几乎所有冤假错案都有错捕的影子，而对专项案件，敏感案件，捕下来再说还是一种讲大局的体现。个别案件逮捕嫌疑人上百人，最后七八十人做了不起诉，这就形成了一种大抓大放的问题，不得不承认在逮捕问题上还是对侦查机关有很多的迁就，甚至构罪这个标准都没有得到充分的坚持。

虽然我们在批评构罪即捕，但是更要坚持和捍卫构罪这个前提。

2.

我们批评构罪即捕的理由其实不是坚持逮捕的证据标准，我们批评的是它只坚持了刚刚够逮捕的证据标准而不问其他，或者对逮捕必要性的人为忽视，导致轻罪羁押率过高。

先来看证据问题，构罪即捕的问题，那就是抓住一点，不及其余。这是被很多老批捕当作经验技巧传授的。因为客观来说，审查逮捕的时间确实比较短，如果卷宗太多，甚至都没时间看完。

但是逮捕的标准主要是人不要抓错了，最后能判处有期徒刑以上刑罚。至于全案是否查清，确实没有硬性的要求。因为它并不是指控，不用全面彻底地审查，不用承担指控和庭审的压力。

在这么有限的时间，全面审查证据也确实是很大的负担，清楚与不清楚的事实证据杂糅，构罪与不构罪的证据并存的情况下，思路也确实容易被搅乱，更多地陷入对缺失证据的关注上。

但是审查逮捕的基本功能也确实还是在判定强制措施是否采取的问题上，如果因为不构罪的事实影响了对有罪事实的判断，也必然容易影响审查效率。

所以你就看，老批捕就非常轻松，多么复杂的证据他都能在很短的时间内找到有罪的部分，这也是一种信息过滤的能力，然后仅就有罪的部分进行审查和判定，这样效率就非常高，也不累，而且逮捕的质量一般来说也比较高，有一种又快又准的效果。因此，这种批捕模式就成为一种示范。

对于纠结于不构罪部分或者证据不足部分的年轻人，就给人留下书生办案，钻牛角尖，自己跟自己较劲的评价。

而且这种办案模式的效率一定也是相对低的，一定是费力费时的，报告也非常厚，跟领导汇报也要说半天。一汇报就要扯全面，就要讲证据的欠缺和担心，但是领导关心的往往就是证据够不够，能不能捕。至于能够做出逮捕判断之外的事实，都当作冗余来看待。

其实观念的区别也就体现在对冗余事实的态度上。对于构罪即捕的观念就是，既然能够判断是否可以逮捕的证据有了，那其他证据的判断就是多余的了，对这些证据的任何思考和纠缠都是在耽误时间，影响效率。即捕的意思，就是只要构罪的事实有了就可以捕了，就没有错了。

但是我们现在知道这是远远不够的了，因为这些不构罪的部分，或者没有审查到的部分最终也会被移送审查起诉。而审查逮捕对它们的选择性忽视，将丧失最佳的侦查引导时机，从而导致审查起诉阶段的不断退补。为了节约几天的时间却可能浪费几个月的办案时间，这是得不偿失的。

只是这种对公诉的得不偿失在当时对于批捕来说是无所谓的。

当然这个原因的根源还在于利益不挂钩，自己捕的案子不需要自己诉，不用自己操心以后的事，不用自己承受庭审的压力。如果要承受这些的话，那还有什么偷懒的理由，从而为自己以后找麻烦？因为那些所谓"冗余"的部分，都是案件事实的一部分，既是侦查的一部分，也是审查起诉的一部分，也应当是审查逮捕的一部分，同时也是需要重点引导侦查的一部分，是一个案件不可或缺的一部分。

捕诉一体的观念就在于审查逮捕期间的证据没有一份是多余的，都应该认真审查，即使这个时候累一点，后续还是会带来极大的便利和效率的提高。

由于构罪即捕这么多年已经形成了一种巨大的惯性，即使捕诉一体了，但是在审查逮捕的阶段还是会习惯性地采取抓住一点不及其余的方法，来个粗线条的审查，那这个其余留给谁呢？最后还是要自己承担。

虽然道理是明白的，但是很多公诉人反映，批捕的期间就这么几天，根本看不了那么细，因为他们习惯于慢慢看卷和审查，不习惯用几天时间进行突击性的审查，觉得那是不可能的，是不可能在短时间内看完这么多卷宗，完成那么详细的报告的。他们不善于在短时间内建立完整的证据链条。

这其实是公诉人对批捕工作的不适应，以往都认为公诉人的水平更高，对批捕工作很快就能适应；应该是批捕的检察官比较难适应公诉工作，因为公诉工作更细致，出庭经验短期内很难累积。这其实只说对了一半，快速审查作为审查逮捕的重要技能，很多公诉人也是不具备的，这其实也需要很长时间的训练。

批捕看起来简单，大家也有自己的看家本领，那就是对案件事实的迅速认知能力，不一定像公诉人那样打那么长的报告，但是卷是一定要看到位的，从而建立起对案件事实的整体认知，并能够对下一步侦查工作提出比较详细的引导意见，而且现在有电子卷宗这个基础，又省却了大量摘录卷宗的时间，是可以将核心事实和核心意见认定出来的。

这个阶段肯定没有审查起诉阶段那么完整，但是引导侦查肯定是足够了，这就为以后的审查起诉和出庭工作做了准备。而且电子卷宗还在系统里，在逮捕之后还可以进行更细致的审查，从而对引导侦查再提出更详细的意见，并可以结合收集到的证据进行连续性审查。这就是不再受到逮捕审查期限的限制，现在可以从容一些。

因此审查逮捕和审查起诉，以及捕后侦查的环节可以进行无缝衔接，实现全链条的连续审查，连续跟进，从而使案件的审查效率实现最大化，也使检警关系变得更加紧密。

3.

构罪即捕除了有可能忽视够捕的证据之外，还容易忽视逮捕的必要性。

对于轻罪案件尤其如此，对于那些有可能判处缓刑等非羁押性刑罚的嫌疑人仍然采取逮捕措施，从而导致轻罪案件羁押率居高不下，实际上是一种逮捕质量不高的表现。

这个说来简单，其实背后也有复杂的原因。

一是取保候审的强制措施始终没有得到有效的完善，取保的监管措施不到位，不能有效保证及时到案。再加上脱保的代价低，但抓逃的成本却很高，这就导致取保措施不敢轻易使用。一旦脱保就严重影响诉讼顺利进行，就会导致案件短期内无法得到有效处理。这就会让司法人员非常担心，取保几乎就意味着失控。

二是电子手铐等监控技术可以有效解决取保的监管难问题，但是司法机关不敢轻易尝试。因为这涉及整个监管体系的变革，比如羁押场所闲置，人员工作如何解决……而且短时间内诉讼效率也会受到影响，最重要的是一旦出现技术风险，谁来承担责任。这种巨大的改革风险让人望而却步，这就导致改革难以推进。

三是放人容易犯错误，容易给自己找麻烦。比如会被怀疑存在权力寻租的问题，因为其他人都逮捕，为什么就你来个取保候审？在取保候审期间再犯罪的话，就意味着当初取保错了，就容易责任倒查。这个责任要比捕后判缓刑大多了，所以宁可逮捕质量不高，也尽量避免不逮捕质量不高，这也是人趋利避害的本能。这也是司法机关内部责任追究机械执法，唯结果论造成的。

同样是质量不高，不逮捕的问题要比逮捕的问题大多了，那谁还敢轻易不批捕？

高层逐渐认识到了羁押率高的问题与重罪案件下降和刑罚轻缓化的趋势是不一致的，从而在未成年人案件、涉民营企业案件中鼓励适用非羁押措施，鼓励依法作出不批捕决定。但是由于涉及的面还比较窄，影响的案件还非常有限，对于大量的轻罪案件还触及不到。

这虽然不像证据问题那样直接——因为这个感受没有落到我们自己身上，但其实涉及更为深远的问题。

一是比例性原则，采取的强制措施应当与其所犯罪行和所判处的刑罚相当。轻罪的羁押率高于重罪显然是不适当的。因为重罪还有不少证据不足捕不了的案件，而轻罪的认罪率更高，所以构罪即捕体现得更为明显。而比例原则涉及实质的公正性，比例原则倒挂，就说明实质正义也没有得到实现，轻重不分，或者轻重倒挂都不利于刑罚功能的实现。

二是与刑罚轻缓化趋势不一致。羁押措施往往意味着羁押刑，而短期自由刑有交叉感染的弊害，并使罪犯的正常社交行为和社会关系发生中断，不利于他们复归社会和促进社会和谐。

三是羁押措施更容易产生威胁、引诱和刑讯逼供，不利于司法公正。而非羁押措施，虽然可能产生脱保等影响诉讼效率的问题，但也同样可以发挥更加充分参与到自己辩护工作当中的作用，从而增强其辩护能力，也有利于其以更平等的姿态与司法机关沟通，参与到审判当中，从而有利于司法公正。也就是非羁押措施有利于程序的公开透明，有利于程序正义的实现。这虽然以牺牲部分诉讼效率为代价，但确实有利于提高法治水平。事实上，电子手铐等技术手段的应用可以让效率的牺牲降到最低水平。

当然，所有这些或宏观或微观的司法利益都不是司法人员直接获得的，与捕诉一体更在意证据全面审查从而为以后省力完全是两个概念。有些人难以感同身受。

所以才会说我办的就是案子，不是别人的人生。

我们要思考别人的人生，而不是自己的人生，那需要更大的想象力，更强的道德感受力，更加人性化的司法价值观。但是这确实有利于司法向更高水平发展，从个案来说也更有利于社会效果的实现。

这些看似虚无缥缈的东西，却是可以改变无数人命运的东西，是最扎实的法治文明成果。

因为法治的发展也建立在更加美好的社会共识基础之上，而这些社会共识不过是我们的想象、期许和追求。构罪即捕就是缺乏对美好世界的想象力，对他人命运的感受力。

法律制度就是固化这些想象的条理，司法行为不过是执行这些条理的行动。

这些条理包含着我们的经验、理性和逻辑，也包含着对同类的感同身受，那些良善的行为必然包含着丰富的情感。那些冰冷的逻辑和教条，必然是对情感和想象力的剥离。

我们在捕与不捕的判定中，除了法律的专业判定，无非是多了一份了解之同情，是带着感情来理解这个真实的世界，并努力通过法律的实施让世界变得更美好。

这是在考验司法者的感受力和想象力。

什么是凡捕必诉？

凡捕必诉与构罪即捕往往放在一起说，共同反映了一种司法潜规则，那就是侦查中心主义。那就是只要构罪就可以捕，而捕了就要起诉，也就是检察要迁就侦查，而且要迁就到底。

但其实也不尽然，这里面只强调了一个问题，那就是构罪，构罪是捕和诉的前提，这实际上就是坚持了证据中心主义，如果证据不行，捕和诉都不要谈了。从历史的角度看，这也是一种进步。

1. 批捕是关键环节

进步的前提是构罪即捕要能够坚持得住，如果构罪这个标准坚持得不牢，又以凡捕必诉来绑架公诉，那必然就容易出现一错到底的问题，所以逮捕还是关键。

就像我在《什么是构罪即捕？》中分析的，即使捕的时候坚持了证据标准，也是非常有限的，只要能够逮捕就可以了，对冗余性证据和事实是忽略的。

但是移送审查起诉的时候可是全案事实都拿过来的，公诉不可能，也没有办法将其他证据都忽略掉，而只是起诉审查逮捕时认定的那一起事实。这个时候就要将全案尽量都弄清楚，尽量都起诉，为此必然就要反复进行退补，因为当时逮捕的时候并没有打好基础，对这些冗余性证据选择性地忽略掉了。到了这个时候，收集证据已经失去了最佳的时机，而且侦查已经终结，这个时候再提出要求，侦查人员的积极性也不高，他们会想早干什么去了？因此证据的完整性和充分性，必然受到影响。

那就只好进行风险性起诉，以一起比较扎实的事实打底，其他证据不扎实的事实裹挟在其中，看看法院能判多少再说吧。最后难以避免在审判阶段，也是要反复延期审理补充侦查。这实际上是在弥补两次退回补充侦查次数不够的缺憾。

但是侦查的问题并不是次数的多少和时间长短，更多的是时机问题，一旦错过了最佳时机，再进行多少次补充侦查都将无济于事，或者收效甚微，为此还要开展大量的外围侦查以弥补关键证据的缺失。

这些关键证据，本应该是在侦查终结前提取到的，而审查逮捕阶段就是最有利的时机。一个案件就像一棵小树一样，如果开始长歪了，你很难在以后让它直过来。

如果你硬掰，还有可能把它掰断了。

2.

我上班之后真的看过很多这种硬掰的过程，也就是批捕和公诉打架。都是为了捕后不起诉的问题。

本来不起诉针对的是侦查机关的侦查，反应更激烈的应该是公安才对。但是实务中，反应最激烈的却是批捕。

因为有考核，捕后不起诉是问题案件，是要写复查报告，是要被扣分的。

起诉不起诉不要紧，但扣分就要紧了。据说公安主要考核刑拘转捕率，因此对捕与不捕盯得更紧，对于起诉率并不考核，所以就没有那么在意。

但也不能简单地将问题归结于考核设置不合理，考核的目的其实反映了上级关注的重点，那就是批捕质量，这就要从后手来衡量，诉不诉，判不判，自然就成为一种衡量的标准。所以可见，检察机关对案件的衡量还是一种质量主义。

而侦查机关之所以考核刑拘转捕率，也有一定的质量味道在，但更主要的还是效率主义，保证侦查能够顺利进行，因为以捕代侦的低质量侦查一时还难以有根本的转变，依靠长期羁押所带来的心理压力来突破口供，进而获取证据也是一种重要的侦查方法。可能直到现在也没有根本性的转变，这不仅是技术水平的问题，更主要的还是习惯性思维的问题。

面对主要关注效率的侦查时，捕就意味着对效率的一种保障，也就是讲配合，保证公安将案子拿下来。原来的老处长也说过，人一放案子就没了，在当时也不是没有道理的。后来的附条件逮捕也是这个道理。即使现在也有定期审的概念，还是体现了对侦查效率的配合，因为不捕就查下去了。

而不捕往往是以牺牲效率的方式换取质量，证据不够就不能捕，就要把证据补到位，其实这有点像悖论。因为既然以捕代侦，那如果不捕又怎么拿到证据？其实并不绝对，因为不捕的压力会变成侦查的动力，尤其是在侦查初期，其实要取的证据还是可以取到的。

与其说以捕代侦是保障效率，不如说是一种消极性的效率提升，只是更省事而已，所以其实也是一种懒政，并不利于侦查水平的真正提高。在早期，对羁押措施还是有很大的依赖性，随着近年来不捕率的大幅度提升，可能有所改善，但还没有到真正扭转的时候。真正扭转的体现是以审前不羁押为常态，以羁押为例外。

在选择捕与不捕，在选择所谓的效率和质量时，当时的批捕部门更多的时候还是选择批捕，这也体现了侦查中心主义的强大。当时我记得只要是不捕的案件，公安机关就一律要求复议复核，通过各种方式施加压力。但是不起诉的案件，反而不怎么申请复议复核，当时我还弄不明白怎么回事，明明不起诉更具有终极的结论性，怎么非要跟不批捕较劲？

原来的目的是在既有的侦查水平和侦查习惯的基础上，尽量保证侦查能够及时终结，也就是要保证侦查效率，质量并不是他们追求的主要目标。因为新案子必然还会源源不断地来，如果旧案子办不完，那简直没法开展工作了，这要比不起诉严重得多。这涉及机构的正常运转和领导关注的重点案件的及时完结，这事关侦查机关领导层的领导能力问题，如何能够不重视？

在这种强大的压力下，同时也在配合理念的支配下，批捕部门更多地选择了捕，以此来迁就侦查机关。而迁就完之后就要捍卫自己的结论，以保证自己案件的质量。因为以质量为主导的考核毕竟存在，而能够影响考核的直接因素就是公诉部门的决定，毕竟审判机关太远了，能够影响和制约它们的，只有公诉。

事实上，当时审判的制约是非常有限的，判无罪的毕竟没有不起诉的多。

所以捕后不起诉才是影响批捕质量的大头，维持捍卫批捕质量不是对侦查质量把住关，而主要是把公诉部门制约住，要坚持一条道走到黑，而且只要能诉出去，大概率是要判决的，即使判个无罪——那毕竟有公诉增加了一道背书，自己压力也小一点。这就是凡捕必诉的动力源泉。

但是公诉毕竟是要出庭的，它要承受自己的庭审压力，以审判为中心的理念也在不断抬头，这个锅公诉自然不想自己来背。基于庭审的压力，以及不断提高的证据标准、预防性无罪判决的发生，必然会不断提高不起诉率。

虽然公诉也不愿意得罪批捕同僚，也知道不起诉的话批捕要扣分，但是判无罪的话公诉要承担的责任更大，这个时候只能个人顾个人。

这形成了捕后不诉的增加，这样一来，两个部门的矛盾自然就增加了，批捕部门甚至以为公诉是故意找矛盾，或者徇私情。在检委会上自然要据理力争。因为院领导知道这涉及两个部门的利益，而且批捕部门也了解一些情况，因此凡是不起诉案件的上会，都要让批捕部门列席，并发表意见。

很多批捕部门的领导更资深，主管批捕的领导位次也靠前，因此话语权更重一些，对一把手和其他委员的影响也更大。但是这方面公诉人往往审查得更细致，也更专业，主管公诉的领导虽然年轻一点，但是属于少壮派，而且说理上会更充分。因此，这就导致检委会上互有胜负，具有很多不确定性。

从我个人的感觉来说，由于审查逮捕阶段审查的精细化程度很多时候不到位，也就是满足于构罪即捕，甚至构罪有时坚持得都不好，如果被公诉发现一些证据的硬伤，或者无法排除的矛盾，那自然公诉的胜面就更大。所以虽然一把手也知道捕后不诉要扣分，但看到证据的现状，考虑到扣一个部门的分，怎么也比以后判无罪扣两个部门的分要好，所以公诉的意见很容易获得支持。

这样，凡捕必诉渐渐成为批捕部门的必然，公诉部门在证据问题上从来没有想过要凡捕必诉，从来没有想过要用自己的利益为同事背锅。只是有时候碍于同事的情面，部门之间的关系，会适当考虑一下批捕的感受。因此，可以说证据问题上，批捕对公诉是有捆绑的，但是捆绑的难度比较大，而且捆绑程度也会越来越弱。

当然这也取决于批捕人员的个人能力，批捕部门负责人和主管领导在本单位的实际地位，也就是取决于微观的权力结构。

3.

但是相对不起诉就不一样了。因为这里面不存在证据上的风险，不存在两者利益都要受到损害的现实可能性。

因为相对不起诉的案子起诉到法院一般也是能判的，即使是缓刑甚至是免刑，但是基本没有可能判无罪。

这就不存在可以摆脱捆绑的充分理由。而且从全院的集体利益上看，最好是避免任何一个部门被扣分。那已经逮捕的案子，而且在构罪的前提下，为什么要通过相对不起诉来给一个部门扣分？这不是意味着损害集体利益吗？因为起诉虽然刑判的不多，有时也属于批捕质量不高，但是这与捕错了毕竟不是一个概念，而不起诉就直接意味着捕错了，那显然是自己打自己脸，这就变得非常没有必要。

这也是为什么经常提相对不起诉会被领导猜忌有个人利益的诉求，或者认为能力有问题，除非是领导自己想做相对不起诉，承办人一般不要提这种意见。

即使检察官出于对特定嫌疑人遭遇的同情，比如快递小哥，或者使用假证加油的大学生，但领导出于得罪批捕部门的担忧，从讲全院整体利益大局的角度出发，往往是不予支持的。因此可能都没有上会的机会。

这是因为还有不少证据不足的案子注定是要得罪批捕的，就不要在这些小问题上撒盐了，会因小失大的。因为一旦上会，批捕部门不仅会在这个案件上发难，甚至可能会借题发挥，对以往不起诉政策提出质疑，从敢于担当、讲大局、讲配合的角度，对公诉政策和公诉管理能力提出批判。这不是引火烧身吗？

虽然承办人认识不到这些问题，但是领导是能够感受到这种压力的。因为作为批捕的领导，不仅仅会从案件上发难，由于资历更高，在人事任免等方面一样也可以发难。所以非必须，还是不要招惹的好。

所以凡捕必诉在构罪案件的问题上走得更好。这也就构成了轻罪案件高羁押率、高起诉率的基础。也就是在大案子上、在证据严重不足的案子上得罪一下人就行了，在能够定罪的小案子上捕诉都选择了妥协和配合。

即使捕诉一体了也是一样的，虽然不再存在捕诉打架的问题。但是习惯仍然存在，在审查逮捕阶段受到侦查的压力仍然存在，讲配合的可能性更多，抓住一点不及其余的习惯，粗线条审查方式依然存在。尤其是习惯了慢节奏审查的公诉人，在短期内难以发现很多真问题，这就导致了捕得不够谨慎。

有一个说法，那就是捕诉一体之后，公诉人更敢于批捕，批捕的人反而更加谨慎。这也反映了心理变化，好像是公诉人了解审判标准，更能够把握住哪些案件能够起诉。而批捕的人过于恐惧庭审的压力，所以在捕与不捕的时候，更多的选择是给自己留有余地，而且他们也更加了解凡捕必诉的捆绑危害，所以才不想过早把自己束缚住。

但是公诉人有时只是盲目乐观了，因为迁就并不能换来捕后的努力侦查，很多在捕前的承诺，在捕后多半会落空。不得已，只好对自己逮捕的案子做不起诉。因此，捕后不诉在捕诉一体之后依然存在。

依然存在的还有在打击力度上和侦查机关的高度配合，尤其是专项案件中，捕得多好像可以体现一种打击力度，也不在乎逮捕必要性的问题，依然是构罪即捕——虽然捕后对起诉牵制的苦果要自己咽下。这似乎又回到了从前，因为侦查中心的地位并不容易轻易动摇。

我们本以为可以依托以审判为中心向侦查前段传导不断提高的证据标准和执法理念，但是有些审判机关首先倒向了侦查中心，不断提出更高的指控要求，这时候就使检察机关很难把住批捕关和起诉关。

不是检察机关不去推动以审判为中心的诉讼制度改革，而是有时候审判机关首先放弃了对以审判为中心的追求。

这个时候最先受到冲击的必然是批捕环节，能够坚持构罪这个前提就不错了，必要性的问题就不太敢讲了。但是随着理念的不断传导，在审查起诉的时候还是认识到了起诉必要性的问题，而此时，当初的迁就就成为诉与不诉的绊脚石，大量做不起诉显然属于自我否定，但大量的起诉又会显得必要性不足，避免在审查起诉之后证据的全貌逐渐清晰起来。在审查逮捕时以为可以看见的严重事实并未出现。

而审判最终还是会回归理智，这是审判机关推进以审判为中心的惯性决定的，因此大量的起诉就意味着大量的风险。在左右权衡之后，才会做出大量不起诉的决定。这其实是将风险降到最低。

在捕的时候是侦查中心主义发生了作用，在不起诉的时候最终还是以审判为中心发挥了作用，毕竟法治发展的方向还是要往前走。

但是真实的实践告诉我们，即使捕诉一体，利益归于一个人，但是在某些时期某些案件中还是难以挡住侦查中心主义的巨大压力，捕后不诉往往是侦查中心与审判中心主义在检察环节的博弈产物。

当然这里面也有公诉人对捕后证据收集预期的过于乐观，

对凡捕必诉规则认识得也还不够深入。

审查逮捕的压力主要在于不捕。捕虽然有利于传统侦查模式的开展，但是难以抵挡的是捕后的侦查惰性，以及延长侦查羁押期限审查的形式化。很多时候侦查的惰性都离不开检察的纵容和无原则的迁就，就像我们出庭能力的低下，也离不开法庭对我们的迁就。严师出高徒，这是一句真理。

司法就像一个产业链，上游产品的质量取决于下游行业的品控体系的严格程度。因为人都是有惰性的，都需要不断地鞭策。

事实上，不捕不意味案件就完了，收集到相关证据还可以继续报捕，我就有一个案件连续不批捕三次，确实给侦查人员带来了极大的压力，老跟我说领导高度关注什么的，我和他说，说这个没用，还是要看证据。

公诉人不太了解不捕给侦查人员带来的压力，他们单纯地以为压力会产生动力，以为捕后开列的证据提纲可以自然地完善，就像补查提纲一样，殊不知捕后往往意味着侦查就将近终结，能否补充完整全赖侦查人员的责任心和自觉性。没有约束的行为，就不要抱有期望。这虽然和提纲的详细程度有一定关系，但是和愿不愿意干的关系更大。

因此，构罪即捕，凡捕必诉，能够把握住的就是构罪这个前提，在批捕之前应该尽量保证到位，不能有一丝一毫的放松。虽然逮捕的标准与起诉的标准不一样，但是我们以往都很少认真地执行。在这个关口放松了，就会被以往的惯性所裹挟，很难挣脱出来。

再有就是起诉必要性的把握，应该从逮捕必要性开始，逮捕必要性实际上比起诉的必要性要求还高，因为它意味着不仅是构罪，还有有期徒刑以上的刑罚。这是凡捕必诉的基础，既然捕了就不仅要起诉，还意味着更加严厉的刑罚。

但是对于有些起诉必要性还欠缺的嫌疑人，在采取逮捕措施时自然应该格外地慎重，否则下一步就骑虎难下了。尤其是对于那些嫌疑人众多的案件，一个公司都端掉了，是不是对每个小职员都采取逮捕的措施应该慎重？因为这些人可能最后连起诉都起诉不了。对于那些轻微案件，采取逮捕措施也应该更慎重，因为这既违反比例性原则，也不符合轻刑化的趋势，也容易因为缓刑和免刑而导致逮捕质量不高。而且一旦逮捕就为敢用善用不起诉权设置了人为的障碍。

因此，凡捕必诉其实是对捕诉之间紧密联系的强调，或者对逮捕之后所引发衍生后果的一种提醒，这是我们从一个负面习惯中所能够看到的正面智慧，这应该成为我们的一种司法态度。

外部的机械执法与内部的机械执法

我们以往批评机械执法，说的基本都是司法机关对外的司法行为，不问常情常理，机械套用法律，抓人、起诉、下判，就比如气枪大妈案，快递小哥案，等等。

现在对机械执法行为已经形成了一种谴责性的共识，虽然还是会有人以案多人少为借口为自己辩解，但是很少有人会认为机械执法就是对的，就应该这么干。这其实也是一种进步，这是司法人文主义的一种胜利。

但是还不能完全做到根除机械执法，在办案的时候考虑考虑其他人的人生，即使有时想做也是有心无力。

究其根源，就是机械执法的内部根源问题还没有解决，这个土壤依然存在。

机械执法显然是一种冷漠的执法态度，是为了完成自己的任务不顾别人的死活的态度。同时也体现了一种执法者自身的道德优越感，好像自己总是处于一种裁决者的角色，自己不会站到被告席上被人裁断。

事实上并不是，案子办得越多，可能出现的问题就越多，就越有可能受到对案件有监督制约权限部门的审视、评查、复查、考核和评价，就会被人挑剔，甚至批评、通报。

而这些过程并不是完全公开透明的，并不会有刑事诉讼制度那样严格的程序保障，并不会讲究控审分离、控辩平等、疑罪从无、公开审判的程序正当性，也不会讲究证据裁判主义。

怀疑本身就可能在内部作为定罪的依据，唯结果论，只要指控意见与判决意见不一致，那就可以依据判决意见对你进行否定，并不会在意所谓的检法分歧等辩解。

从动议、调查了解情况、提出复查意见到最后宣布的评价意见和处理决定，当事人，也就是办案人并没有太多可以申辩的机会，也没有让大家评评理的制度机制。

你不知道对你作出的评价意见，是遵循了亲历性原则，还是只是拍脑袋，在这里是不需要遵循司法责任制原则的。

这些负面评价其实就相当于一种内部的执法行为，而这种内部执法的行为的公正性、透明性以及人性化程度直接影响了司法者的价值观。

如果他也被不公正对待过，也被唯结果论过，那么他对当事人也就不再抱有怜悯之心，不会费心去实现了解之同情，因为他本人也不曾被了解和同情过。

比如一类危险驾驶案件，法院原来能判的，现在突然判不了了。个别法官对这类危险驾驶有了一些不同的认识，这本身就是一种检法争议的问题。原来的起诉均有以往判决的依据，但现在的判决更代表法治发展的方向，那以后改变起诉的策略就可以了。这属于刑事政策基于个别法官的认识而产生的突然转向，而这个案件无非就是处于这个转折点上而已。那这个公诉案件被评价为最差案件之一，还会给承办检察官带来负面评价，这又是否有必要呢？

这就是只问结果，不问过程，只看行为，不问主观过错的内部机械执法行为。

还有一个案子，因为公诉人在公安移送罪名的基础之上，又追诉了一个罪名，且被一审法院认可，只是二审法院不认可。不认可的理由就是对追诉的标准，能够数罪并罚等问题上有不同的认识。而这种认识经过我们研究，也是对法律适用的不同理解罢了，都很难说谁对谁错。

怎么能说，后面的意见就一定是正确的呢？后面只是有权力改变前面程序的决定而已，并不意味着就一定是正确的。

在内部评价上是不是也要讲究一个疑罪从无、主客观相一致的原则？不能将怀疑就当作有罪，不能将莫须有的罪名扣在承办人头上了事。

因为这根本不会了事，那无非会形成一种机械执法和不作为的执法观念。比如，既然说我追诉有问题，那我以后不追诉不就行了，你就很难说我有问题了。多做多错，少做少错嘛，那索性就不做算了。

而既然内部的规定对我没有理解，那我也就不想再去理解别人的，因为我理解你，谁又理解我呢？什么快递小哥，我不会管你的未来，我只问是不是让他人为自己伪造身份证件，构罪就行了，只要公安没有意见就行了，法院也能判。我为什么要多想一步，多操心一步，让其他机关不高兴？回头通过复议复核，把意见反馈过来，又变成我的问题。而这个时候，并没有人会给我主持公道，说我是在为民请命，考虑别人的人生。

考虑别人人生的人，如果从来得不到表扬，反而时时受到猜疑、批评和质疑，那他的热情也就会变得冰冷。

所以，我们在内部评判的时候要十分慎重，要充分考虑到其对执法理念可能带来的伤害。

我有一个案子，因为法院改变定性，被上级院写了典型案例，虽然我辩解检法有分歧，已经提请抗前指导，只是分院没同意，而且上诉了，判决没有生效，最终也还是没能阻止案例的发出。最后是二审判决以不加重刑罚的方式，将定性改回到指控的立场上，为我解了围。

但这种概率是非常低的，二审一贯是维护一审立场的，尤其是在没有抗诉的时候，一般不会这样改判。而这种改判一定是说明，一审改变指控罪名改变得有多么的不恰当，而这种让上级法院都忍不住的不恰当为什么上级检察机关就没看出来呢？还只是，我们根本就没有思考它的恰当性与否，我们只是看结果，并不会分析真正的原因和过程？这难道不也是一种内部的机械执法吗？

既然法院否定你，那你就一定是错的，根本不需要怀疑。但是不要忘了还有二审法院，甚至以后还有再审法院。因为很多冤假错案，一二审法院都判决有罪啊。

我们进行内部评价的时候，能不能坚持一个中立的立场，不进行"有罪推定"？能不能给承办人充分申辩的机会？能不能不唯结果论，而是要看是否有重大过失，是不是有真正意义上的过错，而不是简单地将任何认识分歧，都当作我们自己的过错？简单的唯结果论，其实也是体现了我们的一种集体不自信。

不敢为承办人撑腰，不敢在有认识分歧的时候，挺一下自己人，不敢于理直气壮地坚持自己的立场——虽然并不一定每次都会被法院认可。因为不认可并不意味着就是错，就像被警察抓了也不意味着就是犯罪，我们没有用常情常理常识理解一下自己人，对自己人有一份了解之同情。只有被善意感动过的人，才会理解良知的意义。

因为善意可以传递善意，恶意只能传递恶意，司法公正之路是由善意铺就的。

我们反对机械执法，首先要反对的就是内部的机械执法。

勾兑性辩护与协调性指控

两者的共同点都是通过非法治的方式获得不合理的诉讼优势。

所谓勾兑性辩护就是找熟人，看看能不能在法律之外增加胜诉的机会。这是熟人社会的产物，也是对司法公正性没有信心的表现。

有时候是家属主动提出来的，聘请律师就是要看律师有没有这方面的资源，与当地公检法是否熟识，如果有关系那就增加了一份胜算。在胜诉的天平上为自己增加了一个砝码。

虽然很多人在平时是期待司法公正的，但是往往碰到事情的时候还是会相信"关系"，希望司法天平无原则地倾向于自己，不惜牺牲自己一直主张的公正原则。

这实际上是对法治没有信心。

我们也不要光说辩护这一方面不讲法治精神。

我们自己在很多案件的指控上不是也要做大量的协调工作，

协调公检法的步调，以期获得一个满意的结论吗？

那最满意的结论不应该是按法治原则，该怎么处理就怎么处理吗？

其实，这也暴露了我们自己对案件没有信心，对法治没有信心。

如果案件过硬就没有提前协调的必要，因为提前协调，不审而定，这显然不是法治原则，不符合程序正义的要求。

正是对案件的证据有些惴惴不安，害怕经过公开的、严谨的、对抗激烈的庭审程序而"翻车"，所以才有提前协调的必要。

这显然是与法治的要求和以审判为中心的诉讼制度改革的趋势背道而驰的。因为如果对证据没有信心，那应该做的事情不是开会，而是赶紧去收集证据，把证据补充完整，而不是让检法迁就不完善的证据和不恰当的定罪策略。

这不是以审判为中心，这还是以侦查为中心，无非是以协调的方式，让检法咽下问题案件的苦果。

虽然这种协调性指控暂时是可以成功的。但是当领导的关注散去，甚至已经退休，没有人再去关注这些案件的时候，这些案件又会从档案室站起来找你。

这就是冤假错案的纠错过程，因为纸是包不住火的，早晚会引火烧身。

因为不讲法治、不讲程序的案件是经不住历史检验的，任何非法治的协调都会通过法治的方式，通过法定的程序再找回来。

因为法治的发展是一个趋势，公众的法治意识肯定会越来越强，因为这个社会在持续地发展进步。

以明天的法治精神来审视今天的协调性指控，必然无法忍受这种非法治的沟通和妥协。到头来还是要用法律的标尺来审视案件的处理结论，而不会管当时有哪些指示、要求和压力，这是无法放到台面上来讲的。

也许值得同情，但不会成为违法性阻却事由。因为我们都知道一个原理，那就是公职人员明知是违法的行为而执行命令的也要承担责任，因此你也是跑不掉的。而且根据司法办案责任制，要终身追责。

因此，法律才是司法人员的护身符，而法律是全体国民意志的体现，是国家长期利益和根本利益所系，讲法律才是真正的讲大局。与它相比，任何的理由都只是小局，是局部利益，是短期政策的考量，如果因为这些而违背法律的基本要求，那就是因小失大。

勾兑式辩护策略也一样，没有人会公开主张这种辩护策略。但是由于法治的不完善，总还是有空间可钻，因此这种辩护策略也会有得手的机会，从而被效仿和羡慕。

但是从长期来讲，这也不符合法治发展的趋势，也会因为司法人员出事而跟着翻车，最后也是得不偿失的。

当然我们批评这些是容易的，选择一个更高的道德立场是容易的。但是真是遇到事的时候，我们会选什么？我们会采取什么样的策略？或者我们会不会也谋求不合法的胜诉优势？

有些人的理由是：只是害怕别人采取这种策略，而预防性地先采取这种策略。

总之就是习惯性地采取这种策略。

而有的案件其实走正常程序也是可以判的，但是习惯性地，我们还是要进行协调性指控。

因为不协调就感觉不托底，不勾兑就不踏实。

这种心理其实是一种非法治状态的路径依赖，我们习惯于一种熟人社会的解决方式，包括司法机关的沟通协调也是一种熟人社会的解决方式。这些都表明，我们还不习惯法治社会公事公办，陌生人的处理方式。

那就是办任何事，只要符合规定就能办，不需要认识办事的人，不要他法外的恩惠，就能把事办成。

做辩护，打官司，不要认识任何人，都可以凭着合法的手续进行会见、阅卷，在法庭上全面阐述辩护意见，可以申请证人出庭，只要符合规定就都能够得到批准。而且你的辩护意见真的能够影响到法庭。案件就是按照你的意见判的，而且不起诉、无罪也是稀松平常的。

只要出庭效果好，那就预示着案子要赢了。

但是这些还显得非常理想化，你的努力并不能完全影响诉讼的进程，即使在法庭上有压倒性的优势也未必能够获得胜诉。因为庭审实质化还没有实现，并不完全是根据法庭的审理情况来作出判决。

侦查中心主义的力量还很强大，还会通过协调性指控影响到审判的中立性，还是有很多影响是通过法庭之外施加的，而这个是你摸不到够不着的。

因为这股力量很强大，所以你也希望能够借助这些摸不到够不着的方式，借助这些台面之下的力量来影响司法的进程，这也是勾兑性辩护策略屡禁不止的原因。

因为当公开性辩护无法获得胜算，而客户又非常希望胜诉，自己也特别希望胜诉从而提高自己在行业内的影响力，以及对客户的吸引力的时候，通过不择手段获得胜利，就成为非法治状态下的一种生存和发展策略。

这种策略显然是不应该被鼓励的，但是它确实有着现实的存在理由。而破除这种策略的根本的方式，首先还是要根除协调性指控以及其他通过非法治的方式解决法律案件的习惯性思维。

让所有影响诉讼的因子和形式都可能被看见，那样的话诉讼策略就会转变为更加公开透明的方式，因为不公开透明的方式对司法进程无法产生影响，甚至对胜诉有害，自然也就放弃了。

良好的法律习惯，来自于良好的法治生态，来自于良法与善治的推动。

因为法律其实就是一种稳定的社会规则，而法治就是经由稳定的社会规则的一种持久治理方式。只有发达的法治，才能鼓励公民的良善，才能维护社会的长治久安。

尽量不直播，问题就解决了吗？

　　近来，有些案件的庭审直播后，被辩护人和网友指出了一些问题，庭审效果不好。虽然这些问题也得到了承认和整改，但是更深入、系统的反思并没有展开，反而是有一种观点在不断加强。

　　那就是敏感复杂案件以后尽量不要直播了。

　　这样问题就能得到根本解决了吗？

　　事实上，这种应对措施也不是第一次出现了。

　　庭审直播的目的是什么？不就是审判公开，以公开促公正吗？实际上就是一种倒逼机制，迫使司法机关规范司法行为，促进庭审的实质化，也就是通过公开透明的方式来尽量确保公正。

　　当然这只是一个过程，有些庭审虽然公开了，但是司法官还没有体会到公开的压力，还是原来怎么开就怎么开，被公众发现后就受到了批评。

这种批评是一种及时的反馈，让我们知道我们在办案中存在的问题。这些问题可能是现场的旁听人员都难以指出的，或者是反映了某些地区司法环境的集体无意识。但对更大范围的公众而言，放到社会公论上来说，这已经到了无法接受的程度，所以引发了一些舆情，这些舆情成为司法规范化的加速剂：通过改进司法行为，与主流的司法价值观接轨，实际上有利于提升一个地区的司法水平。

这本来是一个好的现象，也正是庭审直播的功能所在。

但是由于出现了舆情，引发了负面的反馈，所以我们连这个反馈机制都不要了吗？

庭审直播其实是一条司法公开的中国化道路，具有一定的特殊性，可以弥补现场公开的不足。

现场公开其实是一种普遍性的公开方式，也就是现场旁听，但是由于本地司法机关往往基于各种原因都不愿意尽量实现彻底的自由旁听，所以现场公开化就有很多地方性的阻力。

而推进以审判为中心的诉讼制度改革是最高层的决策，反映了司法机关的整体意志。通过庭审直播以及相关的考核机制，其实是在绕开现场公开化的地方控制权，将庭审公开化的主动权掌握在最高司法机关手中，从而促进司法公开。

也就是通过技术手段和全国统一管理等方式破除地方的保护主义和保守主义，实现司法公开的弯道超车。以技术带来的便利让公众更方便地接触到审判和司法，从而实现更大范围的透明化，也给司法机关带来更大的压力。

这些更大的压力其实反映的还是人民群众对司法进步的殷切期待，只是通过对个案直播的品评方式，一个一个体现出来。而这些本应是司法改革的动力源泉。

但是由于负面舆情必然要带来负面的评价——无论是地方司法机关的负面评价还是专项工作的负面评价，为了尽量屏蔽掉负面评价，有些人就主张尽量不直播，好像这是立竿见影的措施。

既然公众看不到现场的情况，那司法机关就可以自己评价现场的情况，所以新闻就可以报喜不报忧，不用再担心任何的纰漏。这样也就失去了及时弥补纰漏的机会。

因为各种不直播的理由，比如技术故障、不具备技术条件之类的，也难以让人真正信服，同时由于不再直播，有些地方的司法机关不规范的司法行为不但不能得到及时纠正，甚至因为无法得到控制，还演变为更加严重的司法违规问题。

即使不能直播，没有完整的影像可以记录，也还是会被人以某种方式记录下来，得到传播。

正是因为不直播，所以才会有恃无恐，不再有所顾忌，从而减少了心中对法治的敬畏。

事实上，直播就是通过公开的方式让司法官多一份对法治的敬畏。当你发现你的一言一行都会被记录下来，并被万千公众看见、品评的时候，那自然地就会有所敬畏，对不当的司法行为自然会有所收敛。因为任何严重的问题，都有可能很快引发舆论的反弹，影响事业的发展。

正是这些真实的压力才保证了司法的公正，事实上司法公正除了自律之外，还需要他律。公开就是他律，而直播也同样是一种他律。

不要直播就相当于不要他律，全凭人性的自觉，但是人性是靠不住的。

在直播还不普及的时候，也会有一些舆情，但是我们可以批评辩护人断章取义，说辩护人的言论有些是曲解了法庭上的内容。这个时候我们会公布庭审录像的片段，从而实现以正视听的作用。因为录像是直接的，而转述是间接的，前者从证据效力上就更高，也更容易让人信服。

当时我在想，为什么不能公开完整的庭审录像，那不是更能让人信服吗？还是公布了完整的录像反而不能让人信服了？

如果公布完整的录像反而能够证明自己有问题，那就是自己真的有问题，那就要改啊。

不放录像并不是说就没有问题了，只是问题被掩盖了而已，而我们知道，掩盖问题只能让问题越来越严重。

庭审直播不就是让问题及时被发现，从而及时被纠正吗？它本身就是一种纠错机制，是全面监督机制。事实上，所有观众都是义务的质检员。

而如果我们对案件质量很有信心，对自己的司法行为的合法性和规范性很有信心，我们是无须担心直播的，直播只能成为我们司法公信力的展示平台，能让公众看到我们是如何公正地指控犯罪，如何不偏不倚地进行审理、裁判，如何全面保障被告人和辩护人权益的。

既然我们信心满满，为什么还是不敢直播？

那还是因为我们不够有信心。

这个不够有信心，其实也是前一段直播的提醒，让我们认识到自身存在的问题。

有了问题，最重要的是改，而不是掩盖。

出庭质量不高，既有出庭能力的问题，也有侦查质量的问题。是侦查质量的问题就要赶快倒逼侦查机关提高质量，而如果是出庭能力的问题，那就需要普遍化地提升出庭能力。

事实上，直播就是提升出庭能力的一种好的方式，目前我们的出庭能力培养平台，通过系统自行组织、相互观摩预约、进行同行评价的方式也是一种倒逼机制。不管是让公众对我们倒逼，还是让同行对我们倒逼，都是通过给压力的方式，让我们对每一次出庭都高度重视，每一次都会因为我们的全情投入而进步一点点，而每一次都进步一点点，日积月累就提高了。

那些出庭能力有问题的司法官，应该感谢庭审直播，是庭审直播给他提了醒，给了他压力，从而也给了他改进的动力。我们应该感谢庭审直播而不是惧怕和怨恨庭审直播。

事实上，之所以出庭能力和现代法治要求相比还有很大的差距，正是因为以前直播得太少了，没有人给你及时的反馈，也没有人给你足够的庭审压力，让你失去了一个自律机制。应该抱怨的是庭审直播来得太晚了，以后的庭审都应该尽量地直播化。

我相信直播搞得好的地区，庭审的压力也会更大，对司法机关整体的倒逼作用也会更大，同样对于司法进步的提升也会更大、更快。虽然一开始问题的反映会多一点，但这都是司法进步的源泉，这些会倒逼司法机关不断改进，最后促进司法水平的不断提高。

而那些不敢直播，尽量不直播的地区，确实可以逃避掉一些舆论的压力，其实不是没有问题，只是问题不容易被看见。这些掩盖起来的问题，并不会有好的结果，只能不断地发酵，最终酿成致命的问题：不是在偶尔少量的直播中爆发，就是通过冤假错案的方式爆发。事实上，直播越少，不是问题越少，而是问题越来越大。

因此，尽量不直播，并不能从根本上解决问题，而是阻碍问题的解决，是讳疾忌医的行为，只能延误病情。

事实上，司法不可能没有问题，问题的暴露也不一定就是坏事，因为暴露—纠正—提高，本来就是司法的进化法则。中断信号反馈链条所带来的安全感只是暂时的，所聚集的风险到头来可能是让人无法承受的。

为了避免灾难的发生，我们也不应该拒绝及时的提醒和鞭策。

审查逮捕实质化，公诉人是否忙得过来？

捕诉一体之后，最关键的一环就是公诉人可以把审查逮捕的环节充分抓住。可以提前进行实质性的审查，以公诉人的眼光来审视案件，立足指控，提出有针对性的取证意见，以引导侦查，为审查起诉工作和未来的出庭工作打牢基础。这也成为了捕诉一体的关键。

按理说这是非常好的设想，而且既然捕诉要一个人干到底，这样利益是一致了，晚干不如早干，为了自己以后的公诉工作顺利着想，也不能再像以前一样仓促了事，否则不是糊弄自己吗？

但是有的承办人就反映案子办不过来。当然这有捕诉周期不适应的问题；有检力资源不到位的问题；有对捕诉一体效率提升过于乐观，没有为磨合适应提供充分过渡期的问题；等等。

还有一个重要的问题就是公诉人不适应审查逮捕的快速审查、突击审查的问题。

以往，公诉人对批捕工作往往想得比较简单，认为批捕工作内容简单，标准低，流程少，不用考虑全面，认为这项工作比较容易上手，比较适合"养老"。

这也有一定的合理性，因为批捕工作确实要比公诉工作相对简单一点。但是批捕工作也有一个很重要的特点，这是公诉人不容易很快适应的，那就是突击审查的能力。

也就是在非常短的时间内建立对一个案件的全面认知，并且进行判断的能力。

审查逮捕七天，节假日也不能中断，所以一般也就是五个工作日，而还要留出两三天审批汇报的时间，所以承办人能够利用的时间，一般就是一两天。其中提讯还占用了半天。所以真正阅卷、打报告的时间就是一天，或者半天，最多就是两天。

因为你审查时间的延长就意味着领导审批的时间缩短，而且越是复杂的案件领导需要审批的时间就会越长，而且还需要进行汇报。这是一个矛盾，而且不管案子多复杂，几乎也就是这么几天的时间。

给领导留的时间太短了，不是找不着领导，就是领导不高兴。因此最好是尽量缩短办案时间。在批捕时，最害怕的就是放长假，那肯定就得加班。这就是突击性审查的原因。

但是公诉人习惯于慢慢看卷，不习惯催这么急。虽然公诉人的办案量并不低，平均每个案件所消耗的时间也不会比批捕的案件长多少。但是公诉的好处就在于办案周期的法定时间长，自己把控办案节奏的余地大，时间松一点紧一点是可控的。

但是批捕的节奏太紧，就有一种被绑住了的感觉，虽然整体工作量并没有公诉大，但是周期比较刚性。而且不管复杂案件还是简单案件，时间都是一样的。简单案件还好说，一旦碰到复杂案件，那这个有效办案时间就显得太短了。

所幸批捕的人已经习惯了，他们已经习惯于快速阅卷、快速形成事实结构，快速做出判断，不过多地纠缠于细枝末节，以及比较复杂的法律问题。因为必须要在这么短的时间内做出决断。

构罪即捕就是这种办案周期的产物，但是这主要是一个取巧的办法。

事实上，快速建立对案件的认知结构才是批捕突击审查的核心能力。我感觉有这么几个方面：

一是快速阅卷。也就是一口气看完卷，不要去想或者反复对照细节，就先从头到尾过一遍，记住需要核查的细节，再核对确认一下。然后翻查一下资料，以确认基本的法律问题。这样，事实的基本结构就有了，然后根据经验和法律规定再判定证据链条的完整性，缺少关键证据的，马上就能感觉出来，从而对现有证据是否符合逮捕的情况做一个初步判断。很少会完整地看两遍卷，因为看不过来。

如果你还是习惯看两遍或者两遍以上，那很有可能因为你是一个公诉人，但是批捕是来不及的。你必须习惯一遍记住，然后以点的方式核实关键证据情况，而不是整体、完全核实一遍。

二是快速撰写报告。由于有电子卷宗，再加上时间紧张的关系，更不应该大量摘录卷宗，而应直接写个别证据的证明事项和问题。也就是看一遍卷之后，就开始打报告。打报告的时候也就相当于又看了一遍卷，但是也不会再那么详细，这是用以帮助回忆其所证明的事项。关键是证据的整体分析部分最为关键，因为这涉及你对证据链条充分性的判断。既有能不能捕的问题，也要考虑以后起诉的时候还缺什么，实际上是两个方面的判断。而不管能不能捕，都要写出进一步补充侦查的意见，既包括方向，也包括需要补充的具体证据和理由。从而引导公安机关进一步补充侦查。

在证据分析完成的基础上，根据证据的实际情况再归纳和提炼出事实，这个事实的撰写方法，可以参照我之前写过的相关文章。但是需要强调的是，这个事实没法那么精雕细琢，而且也确实不是为起诉做准备，因此也没有必要反复翻阅卷宗予以确认，最好是一次性完成。

至于报告涉及的法律问题，一定要抓住最关键的问题，予以适当展开，不必奢望把起诉之前的事都干完，那是不现实的。

虽然要求审查逮捕实质化，但是由于时间关系，它也不可能真的达到审查起诉的水平。

关键还是要抓住证据部分，把需要进一步侦查的意见写到位——批捕的标准毕竟与起诉的标准不一样。

不要想着毕其功于一役。我的理解是，目前审查逮捕的作用，一个是捕与不捕的确定，再一个就是补证意见的提出，其他的都可以后续再做。当然这个后续不是等到移送审查起诉再说，而是等到捕与不捕决定做出之后就可以着手进行。比如需要进一步研究的法律问题，批捕时来不及的，批捕之后也不能停。

　　因为还可以在捕后继续阅读电子卷宗，所以捕后是有条件继续审查的。你可以当作是审查起诉已经开始了，可以继续完善审查报告，包括对事实进一步精细化，对关键证据进一步核实分析，从而为是否批准延长侦查羁押期限做好准备。

　　而且进一步补充侦查的意见也并没有限定在捕与不捕决定做出的时候一并提出。在后续审查的过程中，也可以及时提出，而且这个时候侦查也没有终结，取证的时机还在，是完全有时间开展侦查工作的。

　　认为审查逮捕实质化，公诉人忙不过来的观念，一是因为阅卷效率低，反复审查耗费了时间，以审查起诉的节奏干批捕的活，必然是不适应的；二是因为赋予审查逮捕过多的职责，把审查逮捕当作审查起诉来要求和对待，时间和精力上承受不了；三是忽视了捕后的后续审查问题和后续提出取证意见的问题，没有将捕后的时间充分利用起来，还是按照捕是捕，诉是诉，将两个审查阶段人为割裂开来，忽视了中间地带的连续审查。老是把批捕当作一锤子买卖，这样就干得很累。

　　既然捕诉一体了，那这个案子就都是你的，你什么时候都应该管。而从捕到诉，包括中间地带的时间，都是可以使用和周转的。这样就可以弥补审查批捕时间过短的问题。

事实上，在这里我建议将审查逮捕的概念适当扩展，可以包括捕前和捕后两个阶段，也就是审查起诉之前的工作都应该属于审查逮捕的内容。

事实上，当你发现有必要撤销逮捕决定或者变更强制措施时，也是可以随时提出来的。

而需要收集什么证据，也应该在侦查终结前尽快提出来，这也体现了对侦查引导的连续性，而不是一次性。

因此，本质上不是忙不忙得过来的问题，而是对批捕工作的把握过于简单化，同时把捕诉一体的压力过多地集中在审查逮捕期限这几天时间的问题。一旦我们把审查逮捕的时间延长到捕后的整个侦查环节，那我们就可以获得更多的审查空间。

所以，在捕诉一体的背景下，对审查逮捕的概念可以考虑重新进行调整。

第三章

良性运转

冤假错案的"隔代纠正"及其解决

张玉环案的纠正用了 26 年，是目前的最长纪录。其他的呢？

聂树斌案，22 年；

呼格案，18 年；

孙万刚案，17 年；

佘祥林案，11 年，因为亡者归来。

除了亡者归来可以缩短时间，很多冤假错案的纠正都需要十几二十年，这就几乎相当于隔了一代人，这一现象就是冤假错案的"隔代纠正"现象。差不多就相当于这一代人纠正上一代人的错误。

但是这个现象正常吗？为什么同一代人解决不了同一代人的问题？这是需要我们认真反思和解决的。

为此，十年前我们制定了两个证据规定，2012 年《刑事诉讼法》大修，确立了证据裁判原则。近年来我们推进了以审判为中心的刑事诉讼制度改革，强化庭审的实质化，以期发挥质量保障机制的作用。

但是"隔代纠正"的问题并未解决，反而刷新了纪录。

一段时间以来，以审判为中心的刑事诉讼制度改革出现止步不前的态势，证人出庭率没有显著提高，侦查人员出庭和鉴定人出庭并不普及，甚至都不太提了，庭审实质化的实质内容并未体现，辩护人对庭审走过场的抱怨从未停止，甚至有愈演愈烈之势。

20年来无罪判决也呈现了持续下降趋势，从2001年的6597人，一路下行到2018年的819人，无罪判决率从万分之88下降到万分之5.7，几乎和我们的感觉恰恰相反。

但检察机关的不批捕、不起诉数据却呈现了一种逐年提升的态势，2002年全国整体上，不区分是否是以证据为原因，一共不批捕93760人、不起诉26373人，到2019年仅因不构成犯罪或证据不足的不批捕就达191290人、不起诉41409人，较五年前分别上升了62.8%和74.6%。

从某种意义上来说，法院在推进以审判为中心的诉讼制度改革的工作存在滞后的迹象。

刚刚再审纠正的张玉环故意杀人案是一个好的契机，其实纠正这些重大冤假错案也正是推进以审判为中心改革的一个重要契机。

这些案件的纠正往往正是因为充分贯彻了证据裁判原则，这也是庭审实质化的重要体现。虽然有以今天的标准来审视昨天的案件的问题，但在这些重大案件中，不能搞错是第一位的。

纵然是用今天的标准审视昨天的案件，也不能放任昨天的错误而不予纠正。事实上，纠正冤假错案都有一个用今天的标准来审视昨天的案件的问题。

用今天的标准来回望所有之前办理的案件是不是都定不了呢？有些还真是定不了了。

但是我们并没有都纠正，这既有既判力的问题，也有司法阻力的问题，更有一个推进以审判为中心的诉讼制度改革的决心问题。

这里的"定不了"主要是证据不了，是大是大非的问题，人就是抓错了，判错了，到哪儿都说不过去，什么时候纠正都不能算晚。更不能因为晚了就不纠正，就将错就错。

但是纠正冤假错案谈何容易？这里面涉及很多利益，最后都要责任追究，这就构成了阻力。

同时，纠正冤假错案就相当于承认司法机关搞错了，这是要失分的，而不承认搞错了，就不会失这个分。这个分敢不敢失，也在考验着司法决策者的决心。

勇于承认自己的错误，不惜得罪人，也要追求公平正义，这也是推进以审判为中心的诉讼制度改革最难的地方。面上的工作是好做的，但是能不能动真格的，这考验的是司法勇气，同时也是考验司法政绩观。

事实上，纠正冤假错案总体上虽然有减分，但是因为公众对司法勇气的肯定，还是会加分的，而且这个加的分会比减的分还多。知错能改，善莫大焉。

而且如果不鼓励的话，以后谁还敢纠正错误？

但是现在的问题是纠正得太少了，从无罪的数据下降这一点看，这个勇气还没有充分发挥出来，以审判为中心的威信自然也就没有充分树立起来。

而且纠正得太晚了，光是张玉环这个案子就拖了26年，这起案件历经了两个证据规定出台，2012年《刑事诉讼法》修改，证据裁判原则落地，以及2018年的《证据法》修改，还有当年大量的集中纠错。只不过纠错的领域集中在经济犯罪领域，不仅有证据的因素，还有政策考量的因素。

张玉环案在这么多司法改革的推进进程中，为什么没有得到关注和审视？在司法进步最为突出的这十年为什么没有更早一些得到纠正？这是我们需要反思的问题。

在专项纠正的同时，一般性的纠正是不是关注度就下降了？推进以审判为中心的诉讼制度改革是不是有从全面推进向重点推进的方向转型？

还有一个更为根本的问题，冤假错案普遍存在隔代纠正的现象，也就是说都要等到十几年二十年了，当时司法官和决策者都退下来了，由一批新人来纠正，这目前是一种现象，也是个问题。

这种现象当然有其客观的原因，那就是阻力比较小，顾虑比较少。失分也是当年的人失分，得分是现在的人得分，所以动力也比较大。

那如果就失当下的分，还敢不敢干？能不能在诉讼程序内，或者在诉讼程序刚刚完成时就及时纠正冤假错案呢？目前的动作还比较少。

而这正是推进以审判为中心的诉讼制度改革的真正抓手，不管你前期舆论多强烈，审前做了多少工作和宣传，经过法庭实质化的审判，就是无法认定，进而将整个案子掀翻。这确实会使前一诉讼阶段的人员失望，甚至会让一部分公众失望，但这才会在众目睽睽之下，树立以审判为中心的真正权威。法庭说定不了就定不了，你们谁说能定都没用。

这个工作目前做得怎么样？

今天的案子是不是还要拿到明天和后天来纠正——就是不敢今天纠正？一审纠正不了，二审还是纠正不了，一定要等到时过境迁的再审再来纠正吗？

我们今天的证据标准提高了，审判意识也提高了，以往的案子经不住我们挑剔的眼光了，但是今天的案件质量真满足了这么高的证据标准吗？看看检察机关证据不足不批捕、不起诉的数据就知道了。尤其是一些专项的案件，证据标准是否能够承受得住历史的检验？

最重要的是，既然我们知道有些案件的质量不能承受得住历史的检验，为什么不今天就把它解决掉？这样更加能够树立以审判为中心的威信，能够立竿见影地得分，几乎不用失分。因为在程序内就可以解决问题。

但是就是因为纠正起来要克服阻力，要触痛既得利益，而这些既得利益也会反过来影响审判者和审判机关的既得利益，所以现在还纠正不了。

这就是目前推进以审判为中心的诉讼制度改革的最大障碍，在真正关键的时候不敢讲法治，不愿讲法治。

这也是隔代纠正现象存在的根本原因。

可是哪一种铁面无私是不用得罪人的？哪一种纠正是完全不触及既得利益的？检察机关大量的不批捕、不起诉不也一样要得罪人吗？

如果不得罪人，不需要勇气就能够实现，那还叫什么中心，叫什么实质化呢？

公平正义本来就不是轻轻松松就能够实现的，以审判为中心也不是天上掉下来的，就是要靠司法勇气争来的。这一点公众看得很清楚。

只有那些真正敢于坚持公正，坚持真理的行为，才配赢得"中心"这样的荣誉和地位，才能让人服气，真地把你当做中心。

这个中心不是写在纸上的，这个中心是写在心里的，必须以他人发自内心的尊敬为前提，而这个尊敬是要自己赢得的。是要在复杂的环境中、在重重阻力中一个一个秉公司法的案件中实现的，而这其中，许多案件就是无罪案件。

隔代纠正也算是一种努力吧，虽然分量没有当代纠正那么重，但从现实来说也已经很不容易了。

只是纠正陈年旧案，并不是说现在没有冤假错案或者质量差的案件，只是缺少的是追求公正、大公无私的勇气。有些案件眼睁睁看着有问题，就是得不到纠正。

因为纠正当下的问题，更是需要突破重围的勇气。

这些勇气才是以审判为中心的灵魂，才是让我们信仰法治的原因。

但是光有勇气还不够，还要有激发勇气的环境，还需要内在的机制。试问我们是否有鼓励法官纠正冤假错案的机制？事实上，加强庭审实质化并没有相应的利益激励，反倒是职责错位，强调追诉职责的法官会得到激励，被认为是讲大局。

我们极少听到判无罪判得多的法官立功受奖，或者获得职业升迁，反而是比检察官还像检察官的法官会获得相应的机会，那法官会如何选择？

而且所谓庭审实质化，是真要非法证据排除，是真要在层层重压下将案件推翻，是要将人得罪遍的。总体上来说，以审判为中心都是得罪人的活儿，有时候是法官不敢得罪人，有时候是即使不怕得罪人也办不了，还有很多时候是审判机关整体不愿意得罪人。

实践中，庭审实质化的付出和收益不成正比，这也是其不容易推进的重要原因。

而且判处无罪，法官个人还决定不了，还是上级和审判委员会的权力，这也就给其带来更多的无力感。

强化以审判为中心，个人无收益，但风险却是实实在在的，而且很多事法官个人还决定不了，这样的话推进的时候就很难有内在的积极性。

所以，以审判为中心的诉讼制度改革的主要障碍其实是司法权与司法机关内部行政权的矛盾，这一矛盾是司法改革的主要矛盾，也是冤假错案"隔代纠正"现象不能根除的真正障碍。

要想解决冤假错案及时得到纠正的问题，从根本上就是要依靠以审判为中心的诉讼制度改革，依靠庭审实质化，让冤假错案一件一件都被审出来，过不去，当场发现当时解决，不留遗憾。但是要真正实现庭审实质化，就要给法官松绑，真正落实司法责任制，先把司法行政化的手松开，让司法者敢于裁判，能够裁判，也愿意裁判，让司法者能够按照法律和司法规律来审判，庭审实质化才能成为自然而然之事，从而避免成为司法行政化的牺牲品。

同时还要建立"纠正冤错案件就是最大的司法业绩"的激励机制，让审判者在庭审实质化中建功立业，找到成就感和职业尊严，甚至位列伟大司法官的行列，永远受人敬仰。

只有这样，正义才能及时得到伸张。因为及时伸张正义将成为一项"有利可图"的事业。而只有让追求正义变得有利可图，正义才能变得高效而持久。

典型案例的"典型性"和"随意性"

现在不同层级的典型案例很多，一般越是高层级发布的指导案例越是具有指导性和典型性。

但是那些没有被筛选出来的典型案例是不是就一定不具备典型性呢？也不尽然，主要是我们也没看见，所以不好比较，但是我相信没有被选上的案例其实有很多也是优秀的案例。

它们落选的原因是什么呢？那就是可能不符合发布者的标准。那筛选的标准到底是什么呢？如果我们知道这个详细的标准，不是可以更加有针对性地竞标，从而增加被选中的概率吗？

很遗憾，谁也说不清这个标准到底是什么，即使是同一类型的典型案例发布，标准也会发生变化，因此这个标准具有很强的主观性。

流程不透明、标准不清晰是目前典型案例选择的一大问题。

而且随着重视办案实绩、重视业务成效的趋势，典型案例成为司法官个人、单位甚至地区的重要荣誉，有无、多寡、层级高低直接影响了绩效考核、评优评先和晋职晋升。

这有点类似于学术成果奖项之于学者的作用。

案例是非常重要的，而且它是实际的司法实践，要比很多空洞的经验显得更加实在，也是这些年司法机关重视业务实质的体现。因此它的分量越来越重，也越来越为各级司法机关和司法人员所重视。

能够入选很高级别的典型案例，几乎就是很多司法官的终身荣誉，是一份莫大的荣耀。而一个单位、一个地区的案子如果能够多次入选典型案例，也必然体现一个单位的业务能力和水平，也会成为主要领导的重要政绩。

入选典型案例的机会是稀缺的，但是申报的案例是海量的，渴望获得荣誉的司法人员和司法机关是众多的，从而必然引发一些竞争。

但是这个竞争的机制并不透明，并没有一个公开的、固定的和可预知的评选流程，也缺乏清晰明确的评选标准，这就导致这个评选机制具有了一定的随意性。

虽然发布的典型案例都很好，但为什么发布的是这些案例，是这些地区的案例，而不是其他案例，或者不是其他地区的案例？谁也说不清楚。是不是其他案例的典型性不够？如果不够的话，差在哪里，如何努力？这其实也是一个很有价值的引导。

对于学术成果或者征文评奖，我们知道都要有一个外审机制，也就是一个第三方评选机制，从而保证中立性和公平性。

商业投标是有一套非常严格的评选机制的，甚至还有相应的法律规范。

大众评选，往往要诉诸公众，允许公开拉票，比如在微信里投票，我们每个人几乎都参与过，虽然也有一定的弊端，但是至少还是知道如何努力。

既然是典型案例，就应该具有典型性，这种典型性包括了两个层面的内容：一是专业水准，这个由专家评定较为适合；二是广泛接受程度，这个有必要广泛听取行业内的意见。

笔者建议可以制定一个大致的典型案例评选办法，明确一个申报标准，然后由外部专家或者相对独立的评选委员会进行预选，评选出相当比例的提名案例。然后在检答网或者其他业内公开的平台发布这些提名案例，这个提名案例范围比较大，可以组织行业内的投票。根据投票结果，进入复选阶段。再由一个专家组在复选案例中确定最为适合的案例，通过组织渠道报批并发布。

作为正式评选机制的补充，笔者也曾经建议中国案例网的建设。可以允许各级司法机关和司法官个人在案例网自行上传自己的案例，就相当于自行申报，然后根据阅览量、评价量和好评率等多个维度自动进行排名，从而动态地筛选出得到行业认可的案例。这些案例在一定范围内也可以参与到评选中来。

事实上，现行的层层申报案例的过程中难免存在一定程度的不透明，很多申报的案例甚至都不是最优秀的案例，只是被申报上来了而已。现行申报＋评选的机制实际上受到层层的行政干预，本来应该以专业角度评选的案例，最后成了行政化的评选，一定程度上影响了参评案例的专业水准，也降低了典型案例的典型性。

这种典型性和专业性的降低，必然折损典型案例评选机制所期望的行业引领作用，导致真正优秀的司法官不能信服，也不能起到真正的鼓励作用。

通过更加公开、透明、规范的评选机制，可以提升典型案例的权威性，就像很多常青的科学评奖机制一样，只有公正、客观的评选机制才能让其长盛不衰。

典型案例评选，不仅仅是评选案例，也是一种激励体系，唯有公正的激励体系才能真正对事业的发展产生促进作用。唯有广泛、公开、透明的机制才能调动最大多数司法官的热情，让最多的人看到希望。而那些落选案例的司法官也知道努力的方向，而且即使这些案例落选，也会有中国案例网这样的平台，让它们发挥余热。

让每一个有价值的案例都能发挥应有的价值，不让任何一个努力被浪费，不让任何一份真诚被辜负，不让真正的优秀被埋没，不让见不得光的东西成为光，不让不符合规则的东西成为规则。这样的案例评选机制才是我们期待的评选机制，这样的事业也才是值得我们为之奋斗的司法事业。

司法的"计划性"和"市场性"

　　司法经济学不仅指微观的司法产品的生产制造，更为核心的其实是计划和市场这两种手段在司法资源配置中的作用大小。

　　这决定了司法资源的配置效率和优化程度，也决定了司法能够满足社会需求的多寡和优劣，也就是决定了司法的效益。

　　在社会经济活动中，市场要对资源配置发挥基础性作用，计划只是一种补充，所以才说我们是市场经济，那些真正做得好的企业就是可以获得更多优质的资源，从而不断成长壮大，优胜劣汰让经济更有活力，让资源的使用更有效率，通过竞争让人能够发挥更多的潜能，社会也才能够进步发展。计划只是负责发挥补充性的作用。

　　在司法管理中，其实也有计划和市场两个手段的问题。计划就是通过人为判断进行的安排，有些决策也是有一定统计分析依据的，而市场实际上就是通过竞争，让司法资源也能够得到优化配置，实现更大的司法效益，是一种动态的秩序安排，遵循的是司法规律，也可以说是市场规律在司法领域中的表现形式。

司法管理中能够配置的最重要的资源就是人力资源，以及职级、荣誉等这些激励资源，这些要素应该具有一定的流动性，而且需要动态地符合司法效益最大化的配置方式，实际上就是按照市场来配置，也就是要最大化地体现司法规律，这就是司法的市场性。

但是这需要一个过程，需要让司法运转起来，才能动态地发展变化。在初始化配置时往往只能参照历史性数据。当然如果充分参照历史性数据，能够做到近似的优化配置，也是一种近乎市场性的计划性，也是相对科学的。

但是很多时候，计划性经常会忽视这些历史性的数据，在初始化配置的时候，往往还是依据一些概念，划定一些框框，并尽量地平均分配，有的将期望当作需求进行配置，比如希望做好哪一个门类就多配置资源，而无视不同门类的基础工作量和社会对司法的基本需求类别。

结果就是好钢用不到刀刃上，总是感觉不出活儿。有些部门疲于奔命，结果也必然影响延伸性司法产品的产出，比如没有时间，无暇监督案件的问题。

这就是计划性，计划性由于不是十分受到规律的客观约束，有时容易变得具有随意性，有点拍脑袋。就像你搞产业规划，希望扶植的产业未必能够起来，而你看不上的行业可能起来了，那这个时候资源就会向这些朝阳产业聚集，哪里有钱赚，要素就要往哪里聚集嘛。这个时候你能做的就是保证竞争的公平性就可以了，也就是说你只要不拦着就行了。不能因为你当时扶植的产业没扶植起来就一条道跑到黑，那就耽误事了。没计划对，这是很正常的，因为人的认识能力是有限的，只要让市场来修正就可以了，这样还是可以很快回到资源优化配置上去的，这样经济才能发展嘛。所幸，我们要的是发展，而不是非要特定行业的发展，这样我们就可以从善如流。

司法也是一样的，往往是改革的时候，进行大变动的时候，还是计划多一些。比如划分内设机构，进行人员分配，这就和政府进行产业规划是一样的。有些时候是事与愿违的，也就是你想扶植的行业就是起不来，而那些你忽视的行业却有很多的社会需求，产出的效率也高。具体表现就是案多人少的问题比较突出，有些案件的工作成效大，社会关注度高，人民群众有需要。对于这些与当初计划不一样的表现，也应该从善如流，让市场的规律来调节，以实现资源的优化配置。

具体来说就是通过工作量测算、绩效考核等方式，将资源向发展更好的部门聚集，让表现更优异的司法官脱颖而出，给他们提供更大的平台，让他们发挥更大的作用。

所以考核实际上是在发挥一种信号传递机制，就和价格在市场中发挥的信号传递机制差不多，但前提是资源可以流动，激励机制具有公正性。

如果考核与最后的激励仍然是脱节的，考核是考核，激励的时候还是完全凭感觉，或者说只是象征性地得到激励，真正晋职晋升的时候并不以考核的结果作为依据，那这个信号也不会发挥作用。它发挥的作用是如何让领导对自己有感觉，而不是把工作干好。一个部门也一样，不是考虑社会需求能够得到多大程度的满足，司法效益能够得到多大程度的提高，而是考虑让领导满意，这样就能够得到更多的资源配置。这样的话，谁还努力办案，把案子办得更好？大家当然愿意往那些案子更少，激励更多，更容易进步的部门流动。这也是一种资源配置方式，但这种资源配置方式不是以提高司法产品的质量、提升司法效益为导向的，而是以取悦决策者为导向的，这就是计划作为基础性配置的恶果。

就像与政府搞好关系就可以拿到资源，而不需要认真改进技术，提高产品质量，也就不会有优秀的企业是一样的。

抱着的孩子是长不大的。

虽然可以争抢到更多更优质的资源，但是用不好，反而耽误了真正需要资源的部门，降低了整体的司法效益，损害了整体的司法公信力。

所以让司法规律发挥基础的资源配置作用，是司法机关生存和发展的根本。

有些考核只是限于一个部门内部，在横向上是不具有可比性的，所以资源顶多可以在这个部门内部流动。事实上，在整体设计时，就可能有不科学、不严谨的地方，比如通过考核、工作量测算的方式予以校正，这实际上就是用司法规律来优化司法资源配置。不让司法要素流动起来，就意味着永远也不能修正初始化的判断失误，也不能动态地符合司法发展的需要，这也是不符合实际的。

当然，跨越条线的比较的确是有一定的难度，比如案件的难度系数不一样，消耗的劳动时间不一样，案件的效果、公众的需求程度也不一样。但并不是完全不能做到的，比如可以将所有的案件最终都衡量为时间，也就是消耗一般的司法劳动时长，这种计算方式与价值规律是一样的。通过这个单位劳动时长乘以案件量就可以得出总时长，用总时长除以司法人员的有效劳动时间，就可以得出应该配置的司法人员数量。将它作为一个配置的基数，再考虑产出的衍生品额外形成的价值，比如诉讼监督、刑事附带公益诉讼等，以及案件质效的要求，比如认罪认罚、扫黑除恶、以审判为中心等强烈的社会需求，以及司法效果，就可以大体测算出需要配置的司法资源，从而横向进行资源的动态流动。如果案件量大、绩效高就意味着效益比较高，对于企业来说就是积极效益比较好的部门，也就是比较赚钱的部门，那理应获得更多的资源。如果把资源投到不赚钱的部门，赚钱的部门没有资源可以壮大，对于企业而言就是死路一条，对于司法机关而言，也是无法得到发展的。

对于承担具体司法职能的个体也是一样的，那自然是要让最能创造司法效益，承担案件量更多，更有质效的司法官脱颖而出，甚至让他组织司法产品的生产，这样才能引导其他司法官积极进取，也才能让更有价值的司法经验得到更大范围的传播，提升整体的司法效能。

任何优秀的企业都要重视人才的培养和使用，必须把真正有价值的人用起来，企业才能变得更有价值。事实上，如果不能让人才为自己所用，就有可能为其他企业所用，反而成为自己的竞争对手。因为人作为生产要素也是流动的。

事实上，司法机关也是一样，优秀的司法官其实也是流动的，也是在司法职业之间进行切换的，有很多司法官直到离开了体制，才发现他们是优秀的，只有他们在其他行业做出成绩了，原来的单位才想起来，当时为什么没有好好用人家。

究其本质，就是没有用市场来充分配置司法资源，没有通过司法规律对资源要素进行动态调整。要么是仍然固守计划的大框架，不敢轻易变动，让司法资源不能大范围地优化配置。要么是在二次资源配置的时候，继续通过计划的方式拍脑袋，用劣币驱逐良币，以计划作为资源配置的主要方式，而将市场作为补充，只是在非常有限的领域才会发挥竞争的机制，这样关于司法绩效的竞争就显得几乎没有太多实际意义。

这种竞争的意义其实是人自身发展的目标，如果失去意义，那对司法理想的追求也就变得没有价值了。如果司法官个人不再追求理想，那司法进步的整体目标就容易落空。

机构臃肿，人浮于事，干多干少一个样，干好干坏一个样，效益低下，绝不仅仅是计划经济体制下的企业表现，而是所有不能按照行业规律优化配置资源的必然表现，这其实是普遍性的进化法则，这是自然法则，概莫能外。

任何违背自然法则的行为，必然会受到自然法则的惩罚。

捕诉一体之后，为什么还要强调公诉品牌？

捕诉一体之后，为什么"十佳公诉人比赛"还是叫"公诉人"比赛？为什么没有改为"刑事检察官"比赛？并不是不考捕诉一体的内容，而是包括捕诉一体、认罪认罚、侦查监督、审判监督、出庭公诉在内的这些全部刑事检察职能，公诉人比赛都会涉及。

1.

我认为，一方面是继承"十佳公诉人"这个含金量最高的比赛品牌，体现出现在的比赛仍然在坚持高质量，而且"十佳公诉人"这个品牌已经享有很高的知名度，这是一种历史遗产。

另一方面，也是最重要的，其实是体现了公诉职能在整个检察职能中的核心性、基础性和标志性地位。

捕诉一体其实是以公诉为核心重构检察职能。

虽然四大检察之后，好像刑事检察只是作为四个主要检察业务领域之一的面貌出现，但是由于刑事检察占到了整个检察工作量的 96%，实际上体现了检察机关的基本盘。

近年来下大力气推行的两项战略性的改革，即捕诉一体和认罪认罚均是围绕刑事检察展开的。

事实上，看检察机关的质效主要也是看刑事检察的质效，包括诉讼监督的质效，主要数据也仍然是刑事诉讼监督的数据。

而刑事诉讼监督也需要由刑事检察官来完成，需要在捕诉案件的办理基础之上来完成。如果批捕起诉的案件都没有时间办，又哪有时间搞监督？

因此办案是基础，是根本的、本源性的职能，本末是不可倒置的。

从检察制度的演化和发展的角度看，检察制度也是从公诉职能起家的，也就是从国王的代理人转变为共和国的代理人，代表国家追诉犯罪，并代表公共利益起诉一些公益诉讼案件。这是从法国大革命时期就开始的。

事实上，从本质上讲，公益诉讼也是一种公诉职能，也是《拿破仑民事诉讼法典》已经规定了的。

而公诉人作为控诉方，在法庭上与法官和辩护人一起组成三角构造，促使控审分离，保持审判的中立性。公诉人将侦查与审判两相区隔，既要防止警察滥权，也要防止法官恣意，从而维护司法公正，这也就构成了现代刑事诉讼制度的基础。

那就是通过增加公诉人这个角色，让刑事诉讼制度的参与方可以相互制约，在制约的过程中保持动态的公正性，通过诉讼博弈来体现程序的稳定性、透明性和民主性，从而体现程序正义的精髓。

程序正义而不是实体正义才是现代刑事诉讼制度的精髓，它在宣示人的不可靠性，需要制度以及严谨的程序步骤予以实现，这就是现代法治的精神，是一种制度理性。这种理性就是推崇程序正义的价值。

可以说公诉人就是区分传统纠问式刑事诉讼制度和现代刑事诉讼制度的关键角色，没有公诉人就没有现代刑事诉讼制度。

因此，虽然捕诉一体之后，公诉人增加了审查逮捕的职能，但是其作为刑事诉讼制度的标志性角色不容抹杀和冲淡。事实上，同为司法官的法官早就拥有决定逮捕的职权，它并不会对其基本的审判职能产生实质性的影响。

因此，捕诉一体之后，公诉人对侦查机关的制约能力提升了，对侦查的引导更有分量了，但这并不会实质性地影响其全面审查证据事实，做出是否指控的决定，以及出庭支持公诉这样的完整角色和职能。

2.

虽然捕诉一体了，其实我们还是公诉人，很多公诉检察官的定位就是如此，很多原来批捕的检察官也转变到这个新的定位。

为什么公诉人的角色会激发这么多的自豪感？让人不能忘怀，舍不得放弃？

其实这也是推进以审判为中心的刑事诉讼制度改革的趋势决定的，是庭审实质化的现实决定的。庭审集中全案的事实证据和相关人员，是司法智慧的集中碰撞之地。越是庭审实质化，辩护人对法庭可能产生的影响就越是重大，庭审的变数就会增加，出庭的压力就会增加，对公诉人的考验就越大，自然地也就越能体现公诉人的全部能力和智慧。

因此，出庭是一项创造力的工作，要想把庭出好，照本宣科已经远远不够了，它很多时候需要即席表达的能力，这并不是短期能够掌握的，必须经过长年累月的磨炼和积累。

事实上，这次"十佳公诉人"比赛在初赛就增加了汇报和辩论赛两个口头表达环节，决赛也有辩论赛，实际上加大了口头表达能力的权重，这也体现了庭审实质化对口语表达更多的需求。

这种极强的口语表达要求，也是公诉人所特有的。与法官相比，公诉人对说话的要求自然更多，因为公诉人往往是法庭上说话最多的那个人。虽然有起诉书等指控的文书，更多证据出示和指控意见还是需要口语表达。而这个口语表达不是念稿子，不是照着讯问提纲来进行讯问，不是把公诉意见书念一遍，不是根据答辩提纲发表二轮答辩意见，而是需要在充分掌握案件事实证据和法律依据的基础上，结合庭审的情况，有针对性地发表意见，这个有针对性一定是需要现场组织语言的。

这种对语言的现场组织不是别的，而是检察机关履行指控工作，是检察机关最为重要的履职活动。当然，因为要将出庭准备和临场应变结合在一起，因此难度也最大，但也至为重要。

因为随着审判公开和庭审直播的普遍化，出庭工作被围观、被品评，也时常成为法治舆论的焦点，容易对检察公信力造成损害。当然了，严谨有力的出庭工作，自然也会增加检察机关的公信力。

出庭工作作为检察机关对外的一个窗口，公诉人承担了极为重要，且无可取代的作用，这也是公诉人这支队伍的素质和能力一直都最受整个检察机关期待的原因。

我们也十分期望，在庭审实质化的背景下，借由捕诉一体的机制助力，公诉人能够在法庭上强势回归，将庭审打造成检察制度的发言席和宣传栏，使公诉人成为人格化的检察制度，以指控立德、立言、立行，以思想力、语言力、行动力赢得实实在在的公信力。而"十佳公诉人"比赛自然被赋予了精英选拔的期望。

3.

但是略有遗憾的就是比赛仍然带有比赛的局限性，比赛内容仍然具有偶然性，不能完全体现平时的工作能力，更不能反映我们最为关注的出庭能力。以辩论来替代真实的出庭环节，通过长时间封闭看书的方式搞比赛，一直也饱受"会比赛不会办案"的诟病。

而且比赛的组织方式往往形成了一种举院体制的模式，对领导看重的"苗子"给案子、给时间、给资源，但是那些没有被看重的普通公诉人不但要分担额外的办案压力，还缺少必要的关注。是不是其他人就真的不优秀？其实也未必，而且事实上很多很复杂的案件，正是这些"不甚优秀"的公诉人办的，他们才是真正的实践性的选手。进化论一再给我们的启示就是进化其实是没有方向性的，我们其实不确定最后谁能发展起来。

我们要做的其实是创造一种更加公平广泛的人才培养和发现机制，让每一个有意愿的人都能够获得必要的学习机会，并有机制确保其能够脱颖而出。

我们看重公诉人这个职业，也是看重其通过实力维护公平正义的能力，而不仅仅是表面的光鲜。我们看重这个职业，是因为每一名国家公诉人都应该是检察官的精英，都应该是检察公信力和司法公信力的捍卫者，他们每一次出庭履职都会影响公众的价值观和公民对法治的期待。因此每一名公诉人都是重要的，我们也期待公诉人队伍整体能力的普遍提高。

而这种普遍提高一定是需要广泛的竞争机制的，以此促进每一个人奋发有为、整体上比学赶帮，为每一个案件都倾尽全力，并在法庭上挥洒自如。

随着社会经济的普遍性的发展，复杂疑难案件也呈现广泛分布的态势，一两个"十佳公诉人"也是干不过来的，它需要每一名公诉人都撑得住。很多简单的案件如果在法庭上说话"跑偏"也会点燃舆情怒火，即使是十佳公诉人，在法庭上说一些没有事实依据的"有的没的"，也会被口诛笔伐。

这些都需要公诉人能力的整体提升，这些需要的是公诉人有真的实力，这自然也需要比赛、评比、考核等激励机制向实力方向引导。

就像法官在比拼真正的判决一样，我们也能够比拼真正的庭审。我们并未听说过法院会以模拟案卷的方式让法官比拼写模拟判决，就像高考的看材料写作文一样，好像都是以真的判决进行评比。因为模拟与真实相比，缺少的就是丰富而鲜活的细节，而这些细节正是我们办案的基础，这正是考学与司法实践的区别。

虽然真正的判决之间有一种不好化约的差异性，但是只要样本足够多，就会体现出实力的差异。而且办案本来就不是可以量化的流水线的工业品。它们是艺术品，艺术品也有其衡量的标准，只不过这个标准要复杂得多。

公诉人的出庭能力等核心素质其实也是一种艺术，是不宜简单量化的创造性能力。如果我们过于简单化地比较，反而有可能制约了创造力的发挥。

创造性正是公诉的价值所在，也是它能够撑起检察机关本源性、标志性职能的根本。

司法职业观

在司法行业中，由于办案的周期漫长，人才培养有时需要几年的时间，再加上人员搭配相对稳定，就结成了一对一的协作关系。以前这就叫师徒关系，预示着这是一段慢时光。

1.

比如在以前的公诉部门就是这样的，一般是一检一书，这个书记员在成为助理检察员之前，也就是能够独立办案之前就会跟着这位师父。这位师父可能是助理检察员、检察员或者副处长，都没有关系，一般不会中途更换。就像学生一般也不会中途更换导师一样。

这个书记员从走出校门之后，就走入了这种一对一的协作关系当中。由于要手把手教，实际上师父教的不仅仅是工作技巧，还有为人处世、司法理念、工作规范、职业规划，甚至会帮你铺就最开始的人际关系网络。

是谁的徒弟，是很重要的一种身份，直接以师父在单位中的地位、能力和人品为背书，感觉就像春秋战国的时代，"是谁的学生"就成为识别能力素质的重要身份符号。

这有很多相似之处。虽然都是大学毕业刚出校门的，很多也是名校，这也只能代表知识储备，但是实务水平那可是一套完全不同的知识体系和能力体系。而不同的师父就代表了不同的实务知识体系和能力体系，甚至是工作作风。因此问"是谁的徒弟"，实际上就是在了解你的实务知识体系。名师出高徒，这是一般的定律。还有一个定律就是名师一般带高徒，因为名师在单位地位高，领导在人员分配的时候本身就会将一些好的苗子分配到厉害的师父那里，从而保证其能够获得更快的成长。

因此放在名师那里带的徒弟，本身也体现了组织对他的某种期待和关注，这样也代表了更加光明的未来。同时给名师提供优质的助手，也体现了领导对这位业务骨干的倚重，期望其能够做出更大的成绩，并进而培养更多的人才，发挥传帮带的作用。因此名师带高徒，本身就有一个生源的问题，这就与一些名校招生差不多，这是一种初始化的优势。

当然没有什么是绝对的，如果名师与高徒就是合不来，互相看不上眼，那也没有办法。

或者那些看起来平淡无奇的徒弟，经过扎扎实实的努力也可以脱颖而出，这并没有一个确定性的规律。事实上，进化本身就是没有方向性的，你也不确定谁能够成为人才。

所以师徒关系很重要，但是更加重要的还是自己的努力。

2.

在刚上班的那会儿，我特别羡慕能有一位师父带，好像有一种归属感，有一种安全感，有什么不懂的可以确定地找一个人问，这样多好。

但是这种关系主要限于公诉，在批捕并没有这样的模式。那时批捕刚刚改名叫侦查监督，但是大家还是习惯于叫批捕。

批捕的书记员少，而且原来都可以不用提讯的，因此每个案件的承办人只要一个人就够了。那时候大学生来的也少，有的话都分到公诉了。

而且公诉干什么都需要两个人，这也是刚性需求。加上公诉工作也更烦琐复杂，确实需要有一个人专门带，要不然不容易摸到门道。

因此，可以说我在批捕是吃"百家饭"长大的。虽然活儿干了不少，给很多师父都打过案子，但是因为合作得多，不固定，所以很难说谁算是我的师父，我算谁的徒弟。

我没有一个专门的人可以问，这也就意味着我谁都可以请教，包括公诉的老师，因为反正我也没有固定的师父，这样也就不会有门户之见。

而如果你有一个固定的师父，别人在指导你的时候也会考虑一下，会担心你的师父是否介意，是不是他教的东西和你师父教的不一样——别给人家教歪了，人家师父跟他急。尤其是那些名师的徒弟，就更不要随意指点，这样会很容易犯忌讳，影响同事关系，犯不上。

　　但像我这样的就没有问题，因为我不依附于任何人，自然也就没有那么多拘束了。虽然并不是所有人都有耐心，但是只要努力，你还是可以找到那些对脾气的，比如公诉的王哥。他就是公诉公认的大拿，业务和人品都是一流，而且极其有耐心。既然没有固定的师父，那何不向最优秀的人请教？这反而成为我的一种优势。后来我和王哥成为忘年交，几次到他家里做客，也一直保持着联系。

　　当然这不是标准的师徒关系，普遍意义上大家还是讲究正式的师徒关系的，一定是师父和助手，共同办理过很多案件，这才是正式的师徒关系。

　　虽然我自己原来没有明确的师父，但是后来调到公诉之后，就需要给我配书记员了，这就意味着我要走上师父这个岗位了，内心还是比较忐忑的。

　　掐指一算，这十几年，我前前后后带过 17 个人，包括 5 名合同制书记员，12 名正式编制的，也有一些借调的人员，合作时间长短不一，最长的有三四年的，短的有半年的，太短的也就不算了。从北大、人大、政法、民大、社科大、公安大学到一些地方院校的都有，从本科、硕士到博士都包括，南北方人都有，脾气性格迥异，能力素质也有差异。

回忆与他们相处的日子，某种意义上就是反思司法行业的师徒关系。我和这些徒弟们总体上都维持了比较好的关系，虽然我是一个比较严格的人，但毕竟出发点还是为了对方好，虽然有时候会把对方说哭，但总体上还是会得到理解。很多徒弟也和我走得比较近，愿意向我吐露心声，也和很多人一直都保持着联系，在基层院的人基本也都入额了，后来遴选到市分院的入额费劲一点，但总体上都还比较努力。

记得我走了之后，我的徒弟又跟了别人，都得到了高度的评价，认为我带过的书记员都是最好的书记员，因为他们几乎什么都懂。

我有一个习惯，就是比较愿意放手，而不是手把手教。我习惯于教授方法，而不是帮他们改正错误，我更希望他们能够自己改正错误，并从错误或者失误中汲取教训，获得成长。

比如刚毕业的大学生跟我打案子，我会告诉他基本的要领，大概怎么看卷，怎么写报告，要抓住什么。然后会给他一个小案子让他自己尝试，会让他在打报告之前跟我说说这个案子是怎么回事，想怎么定，为什么。我自己也会把卷看一下。根据他汇报的情况纠正他的思路，告诉他应该怎么想，为什么要这么想，我们要抓什么样的关键点。

然后他就打报告，往往开始并不乐观，事实会写得一塌糊涂，然后我会跟他讲。事实应该怎么写，证据不足的事实应该怎么描述，案件审查报告的事实是什么，作用是什么，证据怎么区分和结合，与起诉书的事实是一种什么关系。后来我也把这些心得写成了一篇关于审查报告的文章，感兴趣的读者可以找来看。

　　然后他会再写，我会再讲，他就再看卷，再改写。在这个过程中，我不会帮他改一个字。

　　因为我终究不能代替他去思考。

　　我会迫使他自己思考，让他自己找到方法，我告诉他的所谓方法只是帮助他找到适合自己的工作方法的一种启发。

　　虽然这种方法会给我们双方都带来痛苦，但都还是值得的。因为只有反复地尝试才会掌握真正的要领，也就是自己摸索的方法才会记得住。

　　即使这种方法或者办案的风格与我的不一致——这是必然的，我也不会强求他们完全保持和我一样的习惯。

　　除非是一些刚性的规则或者硬性的要求，我们强调必须遵守，但是其实大量的还是弹性的规则，只是程度性的差别，还是要保留自己的特点。其实这也是在保留他们自己的创造性，保留他们对案件的特别的理解。这也是一种对差异性的尊重，因为尊重，他们才会更加主动地开展工作。

　　与其说是方法，倒不如说是一种办案思维和习惯。

3.

归纳起来，主要有三个方面：

一是高度的责任心。这是做好所有工作的前提，很多案件也并不是那么复杂，但是就是要你认认真真地，一板一眼地审查证据，完成程序的要求。笨一点的没关系，可以慢慢学，就怕投机取巧，造成工作瑕疵。所以我经常批评的还是这种投机取巧的苗头，以为可以走捷径；或者马虎一点的，我也会批评。这些都是极其危险的工作习惯，必须早点打住，并且我会反复给他们强调办案安全、办案质量的极端重要性，并举出一些身边的例子，让他们感到适当的恐惧。因为恐惧变得警醒和严谨。我认为这是对规则的一份敬畏，只有保持敬畏才能保证自己办案的规范和安全，才能走得长远。所以我主张在程序和文书规范上要小心。

二是独立思考的精神。实际上就是在实体问题上要大胆，也就是敢于大胆假设，然后小心求证。很多人喜欢模式化思考，比如他在打一个诈骗案的报告，他就要一个诈骗案的模板，然后不仅是格式，就连事实的框架和证据分析的模式也想按照那个来。一个案件能不能定，他就看类似的案子是怎么处理的，然后按照原来的思路办就行了。但事实上，这些看起来相似的案件还是存在一些细节上的差别的，如果总是按照既定套路走，就会忽略这些案件之间的差别。还有一点更为重要的问题是，司法环境也不同了，原来更多的是讲构罪即捕，凡捕必诉，你如果只看原来就只能是构罪即捕，凡捕必诉，司法就不会有进步。证据标准也不是一成不变的，这里指的是实质而具体的标准，而不是笼统的事实清楚、证据确实充分，并不是原来能判的，现在就一定能判。即便是原来能诉能判，也不代表现在就一定合理。

而这些都需要我们有自己的判断，需要我们自己根据法律规定和法学理论进行一次再认识。

不假思索地接受以往的观点和思路，就容易犯和别人同样的错误，而这些错误其实是被以往粗线条的司法习惯掩盖了，现在只是曝光出来了而已。所以没有经过思考的观点，都无法确保正确。

即使是那些习以为常的观点，也不能完全相信。

我就碰到过一个例子。有一回我要写抗诉书，涉及落款的问题，因为我知道抗诉是通过同级法院向上级法院提出抗诉，那落款是不是应该"此致"上级人民院？

但是我了解到，一些所谓权威的模板还是"此致"同级人民法院，理由是你并不直接对上级法院，你还是给同级法院送过去，所以那当然应该是给同级法院。

我记得官方的模板对这个地方没有说清楚，只是此致"××"法院，并未说上级还是下级。

这就为难了，如果你选择相信本院的权威，公诉的前辈，那似乎就与法律的规定不一致。因此我就此专门向市院和其他基层院的一些同事进行了咨询，通过综合的交叉印证，最后的结论是应该"此致"上级法院。

现在我们知道当然是"此致"给上级法院，但在当时，这就是一个疑难问题。

这也主要是因为我们写抗诉书写得少，当时公开的优秀文书样本也比较少，根本无处查询，所以这是因为信息少所产生的疑问。

同时这也是一个因为信息掌握不全面而产生的固执，而这份固执通过师父的身份得以强化，又由于师父地位的提高而更加强，并通过师徒的传承成为一种集体的固执。从而束缚了年轻人的头脑。

尽管可能存在偏见，但没有多少人敢于质疑这种"权威"。这是师徒关系机械化的弊端，如果你要求徒弟对你的思想照单全收，就意味着会将错误和偏见打包带走。你必须附送一个批判精神作为解毒剂，才能让徒弟们敢于挑战那些可疑的权威，进而才能矫正那些知识错误，进而促进一个单位的整体进步。

三是坚持长期主义的精神。我从来不相信一口吃个胖子的说法，虽然我也看见别人能够一鸣惊人，但我也见过起高楼，也见过楼塌了，或者虽然没有塌，但是由于过多的荣誉轰炸，让人成为虚幻的空壳，放弃了持续的积累，失去了对司法的真实影响力。我坚定地相信任何真正的成就，一定是需要长期的努力的，任何真正的能力，必须经过长期的累积，对此并没有捷径可走。那些看起来的捷径，很容易让人迷失。

所以我给徒弟们的建议往往是踏实地走好每一步，不要投机取巧。对于糊弄事儿，应付事儿的，我还是会提出批评。

我的逻辑是：这些最终是糊弄自己，现在做的每件事都会成为以后道路的基础，虽然现在费一点功夫，但是以后就省力了，就可以以此为基础做得更好。而你先不好好干，到时候发现真需要的时候，补都补不回来，而且你也不知道是哪里出了问题。实际上就是地基没打牢，只有地基打牢了，才能真正走得长远。

但是也不是每个人都能听得进去，通过讨好上级的方式也可以获得更多的重视和机会，还会被表扬为情商高，有一点成绩就会被无限放大，不管谁的成绩都有可能贴到自己身上。但我觉得这样并不好，时间长了人就虚了。如果只是一天到晚老是寻思如何揣摩上意，那人就会变得很虚，很浮，很难做出真正的业绩。因为你没有花时间去增长做业绩的才干。我们原来称这种现象为不实干，就是虚干。虚干也许可以得到一时的宠幸，但是不会长久，司法事业要往前走，还是需要通过实干，而不是虚干来实现的。

实干比较累，成长就比较慢，但也比较结实，就像树一样，长得太快的树的密度就不行，就不适合做建筑材料，因为碰到压力就容易断了，只有那些经历过风霜雪雨慢慢成长起来的木材才比较好用。当然因为成本更高，也更为昂贵，但是因为耐用、坚韧，即使贵也会得到建设者的争抢。

长期主义带来的好处自然也是长远的，不是短期马上见到效益，而是长远必然见到效益，有了机会也比较容易抓住。而且积累到一定程度也会产生一些辐射效应，即使在一个地方走不通，也会在其他地方开辟道路，因为影响力可以扩展到更远的边界。而从更大的范围看，以更长远的眼光看，一定还是需要真才实学的多，因为总是有想要真正干事创业的领导，这样的领导也需要这样的人才。

这就是长期主义与短期主义的区别。短期主义注重的是当下的投入和利益的马上获取，讲究关系学和情感投资，为自己创造额外的竞争优势，缺少长期做事的耐心。这些人往往是对潜规则更有信心，而对明规则失去信心。

长期主义就是坚定对明规则的信心，相信明规则才是大路和正路，它并不否认潜规则的存在，只是不将其作为主要的发展路径。实际上，长期主义是对社会发展的一种乐观主义，认为社会发展整体向好，那就必然需要有正向规则的持续推动，而正向规则必须仰赖一些真才实学之人的推动，激励机制总是要给到对社会发展真正有助益的人，对司法的长期发展做出实质的贡献，也必然应该获得相应的回报和激励。这些回报也许不是马上能够兑现，但是我们相信其迟早能够兑现，并能够与实际贡献相匹配。

所以长期主义不是别无所求，而是一种延迟满足，是对未来更大的想象力，也是对司法进步的更大期待。

实际上，长期主义是一种司法的理想主义，而社会的进步就是理想主义推动的。

而且长期主义对自身的提升是实实在在的，即使在一个系统内看不出来，也许换一个系统马上就能够显现，因此长期主义的发展观其实也是一种更加务实的发展观，是一种可以切换赛道的能力。

所谓技不压身，就是这个道理。

而这也算是我的一种司法职业观吧。

司法官与助理的相处之道

　　我一直在想一件事，同样是国家机关，为什么司法行业会有这种内部的师徒关系？而且也只有司法行业中最核心的办案部门才会有师徒关系，并不是司法机关的所有部门都会有这种关系存在。它存在的原因是什么呢？

　　这与传统手工行业的学徒制有什么区别？其实在一些工厂里，在一些最复杂的技术工种之中也会有"师徒"关系。这主要是因为有些技艺是无法从书本和流程中直接学习到的，并不是通过短期的职业培训可以学到的。自学也不是不行，但是会很难，容易走很多弯路。关键是一些最核心的技巧和方法，还是要通过师父的口传心授才容易掌握。除了工匠性的技艺，体育技能、文艺表演都有这样的问题，比如武术、相声，等等，到现在也都维持了这样一种模式。

　　最重要的其实是教育。我们知道，基础教育都是大班制的，但是到了硕士、博士，都一定要改成导师制，而不是批量培养了。

因为我们知道越顶尖的研究工作的创造性会越强，而创造性是很难批量化的。

因此师徒关系模式的根本原因，不是技巧，而是创造性，这种创造性需要引导、启发、个性化的培养，而且是通过长期的培养才能逐渐掌握，这种培养模式就是师徒关系。这与导师制并没有本质区别。

很多司法官会被聘请为研究生的实践导师，就是这个道理，所以师父其实就是实践导师。事实上，司法工作的这份创造性和专业性同样是推进司法责任制改革和司法官精英化的原因。

某种意义上可以说，师徒关系孕育出了司法责任制和员额制改革，因为精英是无法批量化培养的，而案件也是没法批量化办理的，即使是简单的案件也各有不同，也要一件一件来，更不要说复杂案件。

可以说我们探讨的师徒关系，其实隐藏着司法责任制的秘密。

既然是师，就要传道授业解惑，就要一些教学方法。但是司法官与助手之间又不是普通的师生，他们还要在一起干活，这确实与师父和学徒更像，只不过他们雕作的不是手中的木料，而是别人的人生，是公平与正义。因此自然要格外地谨慎、小心，并倾注心力。

1. 因材施教

这个材一个是潜质，一个是性格，与学历有一定的关系，但是关系并没有那么大。

所以光看简历是没用的，还是要先处一处才知道，最好的方法就是先干活，在干活的过程中体会和检验。

我的基本观点是不要求全责备，还是要先看长处再看短处。每个人都不能轻言放弃，即使问题再多都有可以提升的空间和好的切入点。虽然也不能这么绝对，但总之还是要往好处想。

时间也是无形的压力，原来我的性格比较急，总是希望徒弟们能够闻风而动，能够知错就改，但是这是非常理想化的。

知错不改，屡教不改的情况总是有，但你想这么多年，爹妈、老师，都没完全给改过来，怎么可能你一下子就给改过来？客气一点叫一声师父，不客气我就是一同事。

因此也就没有必要太背这个"师父"的包袱。

愿意干的就多干一点，不愿意干的就少干一点，然后我自己多干一点，只要保证工作质量就行。强扭的效果反而会适得其反。

因为每个人的脾气秉性差异很大，有的个性很强，不能说，属于顺毛驴，要多鼓励。但个性强并非能力一定强，对自己的定位未必准确，所以还是要变着法地提示和鼓励，不管是不行的，也是不负责任的。也不能因为是玻璃心就任由这样下去，但是既然是玻璃心那就是一定要小心，不要碰碎了。

而对于那些耐受力强一点但是忘性也大的，还是要多说两句，说少了还真记不住。这样的人往往还容易深入相处，可以敞开心扉多说两句。

这个时候我就可以放开一点，就可以把职业发展和规划都好好和他唠一下，也会谈人生，谈个人的发展，多少可能会有些触动吧。但是能影响多少，最后还是要看自己。

性格确实是决定命运的。

很多人的起点其实差不多，但是随着时间的推移，发展轨迹的差异就会越来越大。

有的刚愎自用，听不进改进的意见，就会减慢提升的速度，即使原来有一些优势，也会慢慢地慢下来。主要是因为别人都在加速。

有的人犹豫，什么都想要，什么都不想失去，但是甘蔗没有两头甜，就会走错一个路径，在犹豫中忘记了脚下的路，没有扎实地进行积累，也会错过真正的机会。事实上机会有时不是突然之间出现的，而是随着你的能力提升慢慢变多的。

有的人能够虚心一点，干活不惜力，不挑活，看起来好像吃亏了，干了那么多活，有时也没有得到额外的表扬，甚至也不能得到优秀嘉奖，但是其实这些工作本身就是最大的嘉奖。因为你的能力就是这些工作堆出来的，如果只是愿意做一些表面光鲜的工作，就不会了解司法工作背后的机理。而那些苦活累活，其实暗藏着办案经验的巨大宝藏。

　　但是有些人是听不进去这些的，他们还是喜欢挑选那些轻松容易，能够得到领导关注的工作，最好不用费自己什么力气，就可以算自己一份功劳的那种工作。那样的工作其实只是"面儿上"的工作，收获的成绩也只是"面儿上"的成绩，并不会对你有什么真正的改变。

　　我并不讨厌那些看起来笨笨的徒弟，因为他们能听进去话，愿意哈下腰，能从错误、失误中收取教训，能够认识到自己的不足并加以改进，这就是成功的开始，所谓天道酬勤。诚实和勤奋是我最珍视的品质，不仅要对别人诚实也要对自己诚实，才能对自己有一个正确的认知，再加上持续的努力，就一定会有所收获。但是这两个品质其实是最稀缺的，非常稀缺。我记得我上班第一天有些老同志就教我要勤快一点，这么多年了我仍然是办公室到得最早的那个人。可能是生活习惯不同吧，这并没有什么可强求的，对一个人的评价，还是要看大局，看主流。

　　还是根据个人的禀赋、性格看他适合干点什么就让他干点什么，有时候强求是没有意义的。

　　而且现在的年轻人很多就是能干点什么就干点什么，而不会对自己那么狠，去拼命拓展自己的能力边界，这样的人太少了，可能这就叫"佛系"吧。

2. 顺势而为

所以还是要顺水推舟，还是要通过一些契机来推动。就像引导孩子看书一样，一定是从一个兴趣出发，通过认知边界的拓展和兴趣点的增多，从而不断抓住新的兴趣点，借着这些新的兴趣点不断给他推荐书籍、扩展认知，从而实现一个良性循环。

对待徒弟有时候也一样，有时候也带一下。开始不觉得这一项工作有意思，空口说意义和重要性也没用，还是要带着深入一步，或者是从一项外围的工作入手，慢慢让他体会到乐趣，再不断提高难度系数。

而且也要看人的特质，有的是习惯干一些创造性的劳动，那就是可以独立完成一摊工作，让他从头到尾地干完。而有些人是干活比较细，但是创造性不足，那就可以多带着干，拿出方案、设计之后，再让他来执行。

有些人办理案件快，但是活儿比较糙，那就要多把关，多提醒，在保证效率的前提下，多提高质量。一些简单案件和调研工作就可以放手让他干。

有些人干活慢，但质量比较高，在活多的时候就要分头干，在把关的时候就会省一些心，而效率这个事是急不得的，有些人就是天生慢性格，催着也没用，只能等他们慢慢熟练才能有所提高。他们有时候是细，有时候其实是选择恐惧症，在最后拿主意的时候会比较犹豫。

有些干活比较专注，但是老是闷着头干活，就必然与同事交流少，给领导留下的印象没有那么深刻，好像情商没有那么高似的，但是这样的人比较出活儿。而有些人干活容易三心二意，但是经常喜欢找同事聊天，也会经常到领导那晃一下，最后的结果是虽然活干得不多——实际上是躲开了很多活，因为你找他干活的时候经常找不到人，但是人缘很好，领导也喜欢，但是就是不出活儿。如果我是老板，我不会雇用这样的员工，但是我们不是企业，而且我也不是老板。这样员工还是要好好用，对于团结同志有好处。

3. 情绪管控

有些徒弟你看着着急，有时候就容易火大，但是发火在绝大多数情况下都解决不了问题。即使是批评，最好也是冷静而掌握分寸的为好。

因为情绪化无助于问题的解决，只能让问题变得不可收拾。

而且还有一点就是司法机关具有超级稳定性，没有违法犯罪，领导也不能开除任何人，更不要说一个普通的司法官。所以还是要柔性化处理和理性处理。

但人怎么能没有情绪呢？前几天一个公诉人发表了一些有情绪的文章，就引来不少负面的评价。因为都是人，都会有一些情绪，但是作为司法官，公众会对你有一种格外的要求，因为你实际上代表了司法机关在公众中的形象，你是人，但也是国家公器，不可轻举妄动。而情绪虽然会带来共鸣，但往往也会影响一个人的理智，甚至是暴露那些并不正确的道德优越感，从而影响言行的严谨性。

严谨性和客观公正的品格是司法官的职业操守，也是公众的期待。道德优越感会严重影响公正性，但自己却很难感觉到，傲慢和偏见也是自己很难感受得到的，它是一种无意识。

我们在徒弟面前有时候所展现的道德优越感，以及傲慢与偏见，也是自己很难感受得到的。

原来说的"书生办案"，"我吃的盐比你吃的饭都多"，其实都是在表达一种优越感。无非是体现了自己的经验更丰富：你必须听我的，你学的那些都不对，我的经验更可靠，你的理论不可靠，我的经验这么多那当然是更有资格，我这么做是不可能有问题的……

但事实上，办的案件多，但是质量不一定高，而且如果没有好好积累，去伪存真的话，也未必一定能够形成特别有价值的经验。而且有些办案经验，由于时代的发展可能已经落后了，比如构罪即捕、凡捕必诉，在很早之前也当作经验。有些司法理念也已经不合时宜，需要调整了。所以办的案子多，但经验不一定多，即使是师父，说的也不一定对。这是我们对以前的师父的判断。

其道理同样也适用在我们身上，虽然我们看起来还年轻，但其实也是在逐渐地相对落伍了，对于一些更新一点的技术，更新一点的理论，如果不学习，那我们就是不懂，如果我们再固执己见，也一样会犯经验主义的错误。

这个时候徒弟的坚持可能就是对的，甚至对案件办理更有利，这个时候我们就要懂得变通，不能摆老资格。因为自己曾经的辉煌，就认为自己时时处处事事都是对的，这一样是傲慢与偏见。

有时候我们就是要学会放手，让徒弟发挥更大的作用，我们只要做好我们的事情就好了。我们就是要在擅长的领域继续指导他，在不擅长的领域不要好为人师，不懂装懂。所谓师不必贤于弟子，也不必打肿脸充胖子。

我们能够教他们的，就是要警惕傲慢与偏见，无论对待当事人、辩护人、公众还是自己人，都要保持理性和克制。克制情绪的冲动，三思而后行，这是司法官的必修课。

冲动是魔鬼，而我们要做他们的善良天使。

自组织与协同进化

　　这几天有幸参加了京津冀青年干警培训班，并受邀分享了自己的一些心得体会。在与一些学员的交流中我发现，大家对日常化的跨区域素能培养机制抱有很大的期待。虽然每年一度的大培训班内容都很好，但是缺少日常性互动。

　　如果有一个机制，能够让京津冀的检察人员自觉自愿地展开日常的交流学习，那该多好。

　　而且能力素质的培养关键不也在平时吗？

　　这是一个极好的建议，其实我也曾经为此努力过。前两年北京的出庭能力培养平台刚上线，我在高检院公诉厅组织的优秀公诉人培训班上也介绍了一些经验。没多久，河北省三级院也过来交流这方面的经验，并且还旁听我出的一个庭，我也介绍了相关情况。只是当时还没有京津冀一体化检察培训的机制，互通互联的问题没有实质地提上日程。

　　我把这个与河北省院的学员说了，他们感到非常兴奋。

我的基本设想是这样的：

日常培训是有需求的，但是最重要的是需要一个内容载体，这个载体要具有高频次，可分享，并且能够体现检察机关最核心的功能。显然出庭最合适，它体现了在以审判为中心背景下，检察机关素能的最核心要求：证据集中展示、法律问题集中交锋，法律工作者和当事人集中在一起，是司法智慧集中碰撞的场域，最能体现检察官的综合素养。好的庭审，无异于一场好的培训。

而且以京津冀为基础，每年数万件刑事案件都要出庭，容量足够丰富，每天都有几十场、上百场庭审举行，也足够日常化。

因此庭审观摩完全可以成为京津冀检察素能培养的日常平台。

只是跨地域的庭审观摩的成本过高，仍然让人望而却步。跨省观摩往往还要省级院带队，兴师动众，提前沟通协调审批，颇为烦琐。这就导致很多人即使有强烈的需求，也只能对无限高昂的成本望而却步，也不想给领导找麻烦。

即使在本省，只要跨越一定的行政地域，就一定需要沟通协调，费时费力，个别的检察人员是无法做到的。

这实际上构成了一种行政壁垒，将优质的培训资源独自占有。

上级院偶尔组织的观摩庭，在选择范围上非常有限，而且未必符合检察官的真实需求，所以即使有组织的，人们参加得也不情愿。即使参加，非常正式的讨论交流，也往往让人不能敞开心扉，所以感到收获不大。

出庭能力培养平台实际上就相当于出庭观摩的共享经济，通过算法和大数据技术打破行政壁垒。让每个公诉人都可以发布自己的出庭信息，并写上出庭看点，以吸引别人来旁听。之所以愿意分享，是因为有人旁听可以获得积分，而且旁听人员越多积分也越多。

旁听人员还可以对出庭人员进行打分，这个打分的平均值就是出庭经验得分的系数。

旁听人员也可以获得少量的积分，因为只要认真听了也会有所收获。自然出庭的人收获更大，所以积分也自然更多。

无论出庭的人还是旁听的人，都可以撰写出庭的经验，从而成为公共产品，以便其他人能够学习提高。因为系统地总结也是经验提升的一种方式，因此也可以获得积分。只是这个积分是根据被点赞数获得的，这实际上是根据内容的含金量所得的相应的积分，以体现创造性和有用性的价值。

每个人就是通过出庭、旁听和分享出庭经验这三个维度进行积分，然后积分的累积值就可以排名。

排名可以带给人们以荣誉感和进取心，因为所谓荣誉无非就是一种同行的评价。这种荣誉感就成为推动公诉人不断发布出庭信息，不断参与旁听，不断进行出庭经验分享的动力。

而我们知道，只要有一个人旁听我们的庭，我们就会认真一点点，而每一次都认真一点点，日积月累，我们的出庭能力就提高了。想要提高出庭能力，也必然要倒逼审查能力的提高，引导侦查能力的提高，因为证据不牢，出庭的效果也必然不会好。这样案件质量和综合素质能力自然就都得到了提高。

而且这种提高不是个别意义上的，而是普遍意义上的，是整体出庭能力的提升。普遍性的积分排名，能够反映每一名公诉人当下的实际办案能力，又可以成为人才培养发现的机制。

事实上，我这几年能够脱稿讲课，也得益于之前发布的几十场观摩庭的磨炼。

这个系统实际上是一个压力供给系统，同行的注视未必可以教给你什么是好的庭审，但是他们会给你带来无形的压力。而这些就是无形的动力。

这个系统也是一个机会，一个更加公平广泛的机会，从此英雄不再问出处。不管你的单位是否地处偏僻，不管你是否得到领导的重视，只要你想学，你就可以向系统上任何一名公诉人学习，无非是以汗水换经验，以勤奋换技术。

而且这些经验累积的每一分，系统都会给你记录下来，成为你在系统上排名的基础，既反映了你的付出，也体现了你的实力。它是透明可见的，是立即兑现的，从而也能带来更加强有力的激励作用。

京津冀一体化的检察培训，不应是一次性的，官方性的，更应该是经常性的，民间性的，常来常往的。官方的作用就是搭建机制，而真正的学习交流一定是个别的、私下里进行的，而且学习的需求是多元的、不确定的，能够学习的机会其实是海量的。想要将海量的不确定的需求和机会相互匹配，就要借助出庭能力培养平台这种大数据平台的力量，以实现海量需求的及时匹配。

河北和天津的公诉人可能想来北京旁听庭审，而北京的公诉人其实亟须同行给予必要的压力。北京可以暂时性地发挥一种经验输出的作用，但是只要河北和天津的公诉人足够勤奋，很快就会反超，到时候我们就要出京去观摩庭审。这就实现了一种地域之间的比学赶帮的效果。

实际上的效果要比这复杂得多，可能不是省级地域层面的博弈，而是体现在北京不同的城区与天津不同的城区，以及与河北不同的市县混战性的比拼，是京津冀公诉人在一个共同平台上的比拼。从而实现京津冀出庭经验的统一市场，可以自由流通。

就像买一张电影票一样，可以预约一场庭审，借助于京津冀便捷的城际高铁、轨道、高速网络，出庭经验的学习交流可以在华北平原上自由展开。

如果让河北人来京听一场庭审，他们愿意自己开车过来吗？我问了这个问题，很多人都说他们愿意。

事实上，我发布过观摩庭，就有两个密云的小姑娘，早饭午饭都没吃，往返驱车一百余公里，就是为了旁听庭审。

我知道年轻人学习的热情，他们的热情其实超出了我们的想象。他们并不缺少热情，他们缺少的是学习的机会和自主选择的权利。

京津冀共享出庭经验的日常机制，会为他们提供更多的机会，也会激发出更大热情，自然也会产生更大的压力，从而使他们加速进化。

只有加速进化才能赶超飞速发展的时代。京津冀出庭经验日常共享机制如果能够实现，也会为其他城市群落的检察协同发展提供样板性的经验。

在一个模式优势日益超越地缘优势的时代，享有地缘优势的区域如果不能持续推动模式创新也难以保持既有的优势，甚至会落后于时代的发展。

司法的长期主义

第四章

专业主义

司法专业主义并没有什么特殊性，它无非是法治精神的另一种表述方式，它是法律人要讲法律的本分。

司法工作的专业属性很强，成为司法官要通过司法考试，这也是司法官精英化的一个前提。

这体现了司法专业主义的第一内涵，那就是知识的专业主义。

新的司法考试规则，在向受过系统的法学教育的人群倾斜，更进一步强化了司法工作的系统性和专业性。

随着法律体系的不断完善——甚至可以说日益庞杂，司法工作所铸造的专业知识壁垒也越来越高，以往其他任何专业的人都可以参加司法考试，都可以从事司法工作的时代已经过去了，非法律专业群体再想从事这项工作变得越来越困难。尤其是其本身又通过员额制进行了精英化改造。

但是这显然只是司法专业的"表"，而不是"里"。

尊重专业知识

事实上，随着社会分工的精细化，很多行业都呈现出越来越强的专业特征，比较有代表性的行业有医生、会计等，也都有很强的知识壁垒和行业准入门槛，这些门槛甚至比司法行业还要高。

对此，司法工作的专业主义并不突出，甚至可以说是有时候不够专业。

这里的专业其实指的是专业精神。

虽然系统的科班教育和行业准入机制有了一定的发展，但是在对专业知识的尊重程度上，我们还是要逊色于医疗行业。

我们在行业内的地位往往还是官本位的，而不是专业本位的。在医疗行业，往往把专业看得很重，有时让司法官都不能完全理解，不仅仅是社会推崇名医、病人都挂专家号那么简单，当然这也是一种直接的表现。

我就认识一位医生，他原来是一位重要医院的副院长，在其细分的行业内也很有建树，由于他在担任行政职务的同时，还要承担一线医疗工作，每天上完手术台，再开会，回到家就后半夜了，第二天还要上班。时间长了身体吃不消，后来就辞去了副院长的职务，专心担任主任医师，而他才五十岁出头，正年富力强。不过也正是因为其对专业孜孜以求，是国内在同类手术做得最多的人，因此也获得了一定的国际声誉。

你听说过，一位副检察长或法院副院长，因为庭开不过来，而辞去行政职务的吗？几乎闻所未闻。

而且事实上，在这个职位上，亲自开庭的恐怕都微乎其微，专业对他们而言远远没有那种分量，他们也不会有这种追求。事实上，只要达到部门正职这个职务，对专业的追求就开始放松了。

而开庭开得好，办案办得好，是不是就可以获得行政职务，从而领导专业性的司法工作？其实并不会。

普遍性地还是讲究综合能力，而不是讲究专业能力，外行领导内行是司空见惯的，不仅是一把手，业务副职也非常普遍。

这其实也是对司法专业属性的一种贬低：谁都能定，谁都能拍板。这也是专业主义不彰的一种表现，目前在专业主义更强的医疗、教育领域就要好很多。

这也说明了，在司法领域专业主义不值钱，不被尊重，同样也不会有回报和激励。有时候专业干部反而成为一种负面标签，成为一种只能干一线业务工作，不能承担业务管理工作的潜台词。好像对专业工作的管理并不需要专业能力。

虽然进行了员额制改革，走司法精英化这条路，但是在对专业人员的具体的激励上和提拔任用上，还是走行政优于专业的老路，这也使得我们与专业主义越走越远。

专业主义并不是卑微的"呢喃"

有人说，这只是司法体制内的底层知识官僚郁闷时的"喃喃自语"而已。

我以为，司法专业主义远远不是卑微的"呢喃"，它是司法的真正力量，是聚沙成塔、滴水穿石的力量。

但是我不得不承认，这位读者说出了一部分事实，专业主义还远没有成为共识，更没有主导现在司法的变革力量，它还只是星星之火，它还只是在积蓄着力量。

不专业有时候并不是一种劣势，反而成为了一种资本。这在草莽时代、在粗放型发展的时代可能有它的道理，但是在社会规则日益完善、社会经济发展日益精细复杂的今天，越来越不靠谱。

很多人认为，法律远远没有医学这种自然科学专业，法条都是汉字写的，有什么看不懂的？

那只能说，你还没有遇上事。

遇上事的时候，很多时候打官司要比看病贵很多。凭什么？因为这事很专业。

　　医学很专业，每个人都或多或少有一些医学和卫生的常识，比如感冒要吃什么药。有时候甚至还能果断判断出是胃肠感冒还是病毒性感冒。但这显然不能说明你有多专业，当你体检的指标有异常，让你去医院复查的时候，你一样要乖乖去，并不敢仅仅通过网上搜索的信息就给自己作出判断。这就是专业的力量。

　　就像每个人都可以对一些案件发表自己的看法，但是真要是你自己家里出了什么事，你也不知道具体怎么办一样。当你的婚姻走向解体，但是配偶并不愿意和平分手，在财产分割上发生争执，你也不可能通过上网查资料解决问题。你还是需要专业的律师，寻求法律帮助，甚至通过诉讼解决。

　　而这并不是翻翻民法典就能解决的，虽然主要的财产类型无非就是房产、汽车和股票这有限的几种。

　　这些都是非常复杂的问题，需要非常专业的处理，才能合法地维护自己的权益。是的，合法地维护自己的权益，在法律体系日益庞杂的今天是一件非常专业的事情。仅靠常识是不够的，这与看病是一样的道理。

　　虽然它们一个是自然科学，一个是社会科学，但这种二分法其实是非常粗陋的。其实这两者都是非常综合的学科体系，医生有一句话叫做"偶尔去治愈，经常去帮助，总是在抚慰"，事实上这就说明医学有很多社会科学的知识在里面，有很多心理学的和行为科学的知识。

而法学更是如此，法律是所有社会行为的规范，甚至包括医疗纠纷，解决医疗纠纷的时候就要用到医学，医学不是自然科学吗，所以法律人也要懂医学。办理案件涉及技术鉴定，还要懂自然科学才能看懂，更不要说经济犯罪、职务犯罪经常还要涉及财务、金融方面的知识，办理高科技犯罪案件也要懂信息技术。

否则在法庭上就露怯了，人家质证的时候比你懂，比你专业，那你还怎么指控犯罪，怎么审理案件，怎么打赢官司？

当然我理解这位读者的一声叹息，他说的是这些专业的东西，在法律职业的发展中没有什么用，当不当官，进不进步不看这个，至少不像医疗行业那样更讲究专业的分量。

专业在法律行业的发展中没有分量。

那什么在法律行业的发展中有分量？有人说是权力，但又是什么决定了谁更有资格掌握更大的司法权？难道不应该是更专业的人吗？当然，现在还不是，但具体是什么也说不清。

就是一些说不清的东西决定着司法的发展，才让我们从整体上显得不够专业。

但是社会和时代对我们的期待，其实是越来越专业的。

维护公平正义，当然要考虑常情常理常识，但是更要从专业角度考虑问题。而实现公平正义本身就是一种非常专业的艺术，比如坚持上诉不加刑原则等程序正义的观念，激活正当防卫条款，落实认罪认罚从宽制度。这些仅有常识是不够的，需要我们到位地理解法律，透彻地理解法律的精神才行，才不至于走偏。

比如认罪认罚，有的人就认为可以选择性地适用，对罪大恶极的人，或者就是不喜欢的人，不能适用，因为从宽不了。但显然法律说的是可以从宽，并不是必然从宽，因此能不能从宽根本不是认罪认罚能否适用的理由。

只要他是真实地认罪，真实地认罚就可以适用，除非他反悔。

而对每个人平等适用法律原则，体现的是法律面前人人平等的宪法原则。

我们坚持认罪认罚无禁区，其实坚持的是法律面前人人平等的宪法原则不能动摇，法治面前不能有禁区，这是最基本的法治精神。

有些人出于种种考量，剥夺一些已经认罪认罚的人适用这项制度的权利，体现的就不是法治精神，而是一种司法恣意，以体现自己的某种姿态，通过这种姿态谋求可能的升迁。

这不仅有违法治精神，也有违司法的专业精神。

因为从任何法律原则和法学理论都无法推出这样的结论。

这就像医生没有根据患者的病情开药，而是根据与病情无关的理由开药，就像某些过度医疗现象，这不仅会给患者造成财产损失，还会因为贻误病情，害人性命。

不基于案件的事实和法律而抓人、指控和判案，一样会损害当事人的自由、财产甚至生命。

不专业的医生伤害的不仅是一名患者，还会让患者的亲属不再相信医疗行业。

记得我小的时候出麻疹，医生以为是感冒，一直给我退烧，差点耽误了，导致我妈到现在对医院都没有信心。

当然，一个人不相信医院，耽误了病情是自己的事，但是如果很多人都不相信，就会影响国民的健康，甚至社会经济的发展。有时候还会助长一些伪科学的盛行，这就不是小事了。

司法工作如果不专业，那毁掉的就是一个人的一生，甚至一个家庭的一生，那些冤假错案就是最好的证明。还有很多质量不高的小案子，那些机械执法的案件，比如快递小哥的案子，并没有引起那么多的关注，但是它们影响的都是每个当事人的一生。

而且还不仅仅是对他们个人，以及他们的家人，还会通过他们依存的社会网络传递这种不信任。由于司法不专业引发对司法公信力和社会治理能力的质疑，这显然也不是小事。

但是确实不少人没有对司法的专业主义引起足够的重视，认为这只是一些枝节问题。

还是习惯于通过拍脑袋进行治理，通过拍脑袋进行司法管理，通过拍脑袋对重大案件进行裁决。

认为专业主义只是书生办案、钻牛角尖和教条主义。

事实上，专业主义从来不是教条，也不是只关心技术问题，专业主义是从法律的原则、法治精神出发来把握公平正义的尺度，而不能做无原则的妥协。

反对专业主义很多时候其实只是不想被这些法律的原则和精神框住，从而实现超越法律的灵活性，这种原则就像超越医学准则的治疗方案一样，我们都知道那是什么。

那是一剂毒药。

虽然可以迎合一些诉求，但显然不是患者的诉求。根据医学和司法的规律，早晚也会付出沉重的代价。

有人说，现在就是要呼风唤雨，把蛋糕做大，不要计较于这些个别案件的专业与否。

但是我想说不救一人，何以救苍生。

没有抽象的正义，只有一个一个具体的正义。

为什么司法这个蛋糕总是做不大，总是得不到我们所期望的尊重？其实就因为我们不够专业，不够讲求专业主义，在职业进步发展上不但不推崇专业主义，反而排斥专业主义。这就像在一个反智社会，追求知识创新一样必然徒劳无功。

我们总是寄希望于整体的改革推进，大刀阔斧的形象重塑，但是我们却忽视这个一砖一瓦的建设。忽视一个一个案件具体的公平正义和专业精神。

唯命是从是无法实现公平正义的，就像听指挥遥控的医生无法看病一样，司法官需要根据自己的法律和良知当机立断，才能像医生一样治病救人，才能显得比较专业，从而也得到相应的尊重。

而通过对这些一件又一件案件专业而尽责的办理，我们才能收获老百姓的口碑，并积累成为职业声望，才能实现真正的做大。

只有对这些更有职业声望，更有专业能力，更有利于司法行业做大的司法官给予更多的职业发展预期，才能让更多的司法官走到这条追求司法专业主义的艰难之路上来，让他们在更大的平台上，发挥专业作用。让司法的专业主义不仅仅是应用于个案，而是可以应用于司法管理、司法改革、司法队伍发展等方方面面，从整体上树立更加专业的行业形象，才能实现一种良性的职业循环。

因此，专业主义绝不是卑微的"呢喃"，而应该成为司法发展的时代强音，这是司法规律的必然趋势。

专业主义不是只会办一类案子

现在司法机关的专业化有一种倾向就是案件类型的专业化，往往以罪名和案件类型划分部门或者办案组。这确实也是专业主义的一方面的意思，但并不是全部意思，甚至不是主要意思。

这个思路显然也是借鉴了医学的分科，专科设置模式。但是司法与医学有很大的不同，职务犯罪与经济犯罪的差别，就没有泌尿外科与心脏内科差别那么大。

因为我在基层院的时候就经常办这两类犯罪，当时都统称为"经济犯罪"，可见规律相同。而且其办案的难度和技巧性，有时与普通犯罪中的诈骗罪，又很相似。

所以普通犯罪、职务犯罪和经济犯罪都没有那么泾渭分明，其相似性往往大于差异性。并没有医学那种隔行如隔山的差别。

可能刑事领域与民事领域差别大一点，但是其实也没有那么大，很多公诉人自己就提起了刑事附带民事公益诉讼，也没有那么困难。

因为，司法考试对于民事和刑事领域都要涉及。

当然，我理解专业化办案的目的在于培养一个领域的专业化办案技能，积累专业性的司法知识，期望能够出一些专业化的司法成果和司法经验。

但其实往往事与愿违，因为极少有人积累。你见过多少此类文章和专著发表、出版？非常少。虽然办一类案件，但是极少有人真的注意进行积累。

而有些真的愿意积累的人，他却完全没有机会办理此类案件。

原来也是有专业分工的，但往往是根据意愿和能力分工，领导根据个人能力和本人意愿，确定一些相对的专业组，类似的案子往一两个组那相对集中。但也不是这个人就不办别的案子，别的案子也得办，否则工作量不均衡。正是为了保证案件量的均衡，也间接地保证了这个专业化司法官的办案营养均衡。

因为司法的专业能力除了包括掌握特定类型案件的专业知识之外，还有很多通用型的技能，比如快速审查的能力，这需要大量案件的积累，每年仅办理十几件专业案件是远远不够的。沟通能力和出庭能力都一样，一定是要经历的场面多才会有积累。还有很多细节性的技能和能力，只有经历过一些案件才会明白，而这些都散落在各类不同案件的不同情况之中。

因此，仅办理一类案件，虽然专业知识有了，但是通用性的专业能力会得不到发展，就成了豆芽菜、小胖墩，办案效率低，而且很脆弱，思维单一，适应能力不强。

这些局限性也决定了，在专业领域也很难走得特别长远，自然也没有什么积累。因为厚度不够，也没有对比，也不知道自己办的特殊案件的特殊性在哪。

这就像大学生只选专业课不选通识课一样，那样的话知识广度和厚度就不够。只有技巧，没有方法，从而失去了发展的潜质。没有厚积，自然不能薄发。

也就是从个体上有点揠苗助长了。

从整体上讲，可能是没有选到好苗。

我们在划分部门的时候，有没有进行专业化考试，看看你适合哪个领域，再划分？我相信绝大部分都没有，大部分的划分方式，其实都是拍脑袋的方式。

可能有一点双向选择的，但是从根据上来讲都是拍脑袋。

因为一个人如果从来没有办过一类案件，你又怎么知道他适合办这类案件？相反，一个人没有机会办这类案件，你又凭什么就认定他不会办？

这显然不具有合理性。

在以往粗线条一点的专业化模式下，至少还有一个尝试性的机会，比如在相对专业化之外，还有一个相对随机性。各种类型的案件每个人都可能分到一点，一些有心人就可能会抓住一些机会，把一些特定类型的案子办得漂亮一点，把一些复杂的案件办出彩儿来。

当然那些特别重大的专案是不太可能随机分配的。

由于各种案件类型的随机分配就足以创造一个机会相对均等的舞台，让一些有意愿、有能力的冒出来。而领导者对实际办案的观察，就是一个挑选的过程，从而找到被委以重任，或者相对承担一定案件类型的专业人才。这时的划分，就变得相对科学。

形成了一种随机—展现—筛选—专业的渐进性专业路径。

但是目前的专业化划分方式有过于机械化之嫌，并没有必要的尝试和筛选机制所确定的专业分工，可能找到的并不是最适合的人，同样也不是最能发挥其作用的平台。有些人才会被埋没，有些人才会失去兴趣，由于部门之间流动性的缺乏，很多人容易被焊死在一个岗位上。

比如轻罪部门，老是办理速裁案件，老是走量，就容易失去创造性的刺激，演变为机械性的重复劳动，很容易产生疲劳感。同时由于多是相对简单的案件，也就没有挑战复杂案件司法难度的机会，同时也就失去了成长的机会。

而一些特定专业的案件，虽然有一些难度，但是量太少，快速审查的能力没有得到培养，出庭经验少，经的事见的人少，临场应变能力也难以得到充分的锻炼。而且长期办理少量案件，职业抗压能力就比较低。一旦案子多起来，就很难承担必要的司法负荷。

这里面的关键问题是，缺少一个打通专业部门的人员流通机制。虽然也在提岗位交流，但是往往是零星的，并不具有普遍意义。因为从部门这个"壳"的利益来看，都还是倾向于部门人员相对稳定，谁也不想老是分一批新人，从而不断地进行培训。

事实上，专业化的部门建立了人员流动的壁垒，如果只有一个部门，完全不存在这个问题，承办案件的类型变化、轮案机制等都相对容易协调，就比较容易在专才和通才的两个方面实现平衡。

这个平衡的压力就是案件量的均衡，一碗水要端平，这是部门负责人基本的职责。

但是在多个业务部门的情况下，这个一碗水端平也只是部门内部的，在部门之间无法展开。随意司法考核，考核绩效也只是在部门内部进行比较，部门之间就不能比较了，因为办案量的差异就会变得很大，就跟级差水闸一样，水位落差不同。

只有把这个闸门放下，才能使水位保持一致。但是放不下，为了专业的人只办专业的案件，不专业的人只办不专业的案件，所以必须忍受极不平均的案件负荷。极端一点的情况，据说有的专业部门或办案组，每年只有一件此类案件可以办。

一开始办案少的人还会偷着乐，并通过夸大自身案件的复杂性的方式，保住自己的人员配比。少办案，虽然可以轻松一点，但是针对通用型专业技能的锻炼机会也必然少了很多，日积月累下来能力的差距就拉开了。

那节约下来的时间是不是用于这些特定案件经验的积累呢，其实并没有，反而是形成了一种慢节奏的工作和生活方式。

而那些案件负荷更大的部门通过案件磨炼的机会自然更多了一些，但是由于案件负荷的原因，确实没有时间进行积累经验。而且由于缺少一些有意思的，复杂性的案件的刺激，积累的欲望也没有那么强烈。

这些人中其实是有一些适合办理更加复杂的案件，或者负责专业特定领域的，但是由于专业化的轮案，他们也不再有任何展现自己这方面才华的机会。

除非一些非常特别的原因，比如备战"十佳公诉人"比赛，为了让其丰富多类型案件的办案经验，才会进行一些个别人事调动。而大部分人是不会有这样的机会的。

是我们不知道通过多种案件类型的锻炼，才能培养优秀的公诉人吗？从十佳比赛的苗子培养上来看，其实我们是非常清楚的。但是我们就是无法在日常生活中进行这些人员流动。

很大一部分原因就是因为我们对专业化理解得过于狭窄，只是从案件类型这一个维度考虑了专业化。

对快速审查、沟通能力、出庭能力等通用型司法专业能力考虑的还比较少，可以说我们现在其实只是一种平面化、静态的专业主义。

我们应该从司法工作的本质出发，从司法能力的全面发展、广泛培养、科学选拔的角度，树立一种立体化、流动性的专业主义。

在通才的基础上筛选专才，让通才和专才可以实现一种双向选择和流通，进而建立一种更加公平广泛的司法人才培养发现机制，这才是我所主张的司法专业主义。

公正并不是可以任意拿捏的泥人

我们在探讨司法专业主义的时候，很多人还是把它当做一种底层逻辑。

认为这只是基层司法官，或者与当事人直接打交道的司法官需要遵守的逻辑规则、行为准则和道德操守，而到了司法的中高层是不需要遵守这些规则的。

所以我们会发现很多复杂敏感案件的处理，有时候就闪现着这些不符合基本法律逻辑的影子。

而因为这是现实，而且是一种不可改变的现实，我们就以为这是合理的、应该的，或者只能这样。

当然，存在自然就有它的合理性，它无非就是在法治的场域游走的人治幽灵。

司法专业主义并没有什么特殊性，它无非是法治精神的另一种表述方式，法律人要讲法律的本分。

但是我们有时候做不到，我们知道法律的逻辑，但是我们更害怕权力的逻辑。

我们因为权力的逻辑牺牲了法律的逻辑，短期来说保住了我们的既得利益。这当然会牺牲当事人的利益，最重要的是长期来看会牺牲整个司法的公信力，反攻倒算的时候，也会害了我们自己。

不要忘了还有"隔代纠正"机制在发挥司法新陈代谢的作用。当你们那一代人退出司法管理层，法律的逻辑就要找上门来，进行清算。那个时候只有法律这一个逻辑，其他的理由也不能成为违法犯罪的阻却事由。

法律可能一时无力，但不会遗忘，因为它是持久和稳定的社会规范，国家的长治久安也需要这种持久和稳定的社会规范作为支撑。

想抖一时的机灵，来代替法律稳定的逻辑都只是一时的妄想。

这种妄想由于之前法治的疏漏——以往还经常发生，以至于，他们会看轻司法的专业属性，认为公正不过是任意拿捏的泥人。

怎么判怎么有理，想怎么判就怎么判，成为有些人的口头禅，到现在还挂在嘴边。

遥控指挥，拍脑袋定案，甚至拍脑袋定刑期的情况依然存在。

复杂敏感案件的决定权不在司法官的手上，需要层层汇报，需要不断远离审判这个中心点，庭审的实质化只是对一些小案子而言的，对大案子不适用。

司法权仍然受到司法行政权的管制，决定司法的仍然是审批制、行政化的那些力量。

那些亲历性的审查、审理，只是最终司法裁决的参考资料，而不是依据。

决定司法裁决的很多因素也不是案件的事实和法律，而是其他的因素。

这并不是法律的逻辑，法律不能如此任性，它要受到高度的制约，它有着一般人能够理解个大概，但不能理解透彻的独特逻辑。

这个逻辑一般人要能够有所预判，是因为法律都是公开颁布的规范，只要认真研读是可以懂个大概的。

有些人不能完全理解，那是因为法律是一个体系框架，还有自己专业的理论体系，司法裁量考虑的不仅仅是本案的影响，还要考虑对规范体系所产生的潜在影响。

这是一种专业性的判断，因此并不完全是普通人能够预料到的判断，它是站在长期稳定性的规范和不断发展的社会趋势之间的判断。

虽然这种判断普通人不能完全理解，但也不能违背基本的常识常情常理，因为这是法律的伦理基础。

因此司法的专业性就包含了对基本伦理规范的理解。

但是并不能因为可以与普通人的认知不完全一致，就信马由缰地对公正进行随意解读，或者以法律的名义行非法之实，钻法律的空子，甚至罔顾司法的刚性原则，或者是机械套用现行法律，而违背法律的本质，违背公众的常识。

那样司法就会成为脱缰的野马，脱离法律的基本轨道，以往的重实体、轻程序，重打击、轻保护，就让我们走了不少弯路。

因此司法专业主义不仅仅是司法的基层逻辑，也应该成为司法的高层逻辑和整体逻辑，让司法的火车头也能够凭此基本的法律原则，自觉抵制不当干扰，这样才能突破层层的法治禁区，司法这艘大船才能够行稳致远。

公平正义并不是任人打扮的小姑娘，因为如果没有司法专业主义的审美拿捏，就容易东施效颦，过犹不及。

专业主义是一种尺度，是一种分寸感，是法律持久稳定的掌舵人。

应对 App 犯罪的司法策略

对于早已进入互联网时代的我们，App 犯罪也并不算特别新奇的事物，它只是犯罪在移动互联网时代的新样态。很多只是传统犯罪的网络版，网络犯罪的移动版。

比如现在很多非法吸收公众存款的犯罪都有一个 App，这个罪名很早就有了，但近年来比较集中，其中一个原因就是借助了移动互联网技术，也就是 App 应用程序的便捷性和社交扩散传播属性，比较容易通过人际网络进行推广。

同时伴随着移动支付技术和大数据技术的发达，App 比较容易填录信息，支付款项。在 App 上每个人自己填录信息，自己支付费用，这就让犯罪成本极大降低，犯罪规模容易扩大。

而犯罪人可以借助大数据技术更好地进行犯罪组织。

1. App 犯罪其实是移动互联网时代的犯罪迁徙

事实上，App 犯罪大体可以分为三种形态，第一种是犯罪算法，也就是 App 设计者和运营者，将 App 直接作为犯罪工具，侵入其他的计算机网络，盗取信息、骗取钱款或者传播色情信息，这个时候这些 App 软件就成了犯罪算法，成了专门用来实施犯罪的工具；第二种是运营者犯罪，App 软件虽然扩大了运营者的影响力，但其本身是相对中性的，可以用以犯罪也可以用以合法经营，这就比如一些非法吸存的 App，其实是可以用以合法经营的，但是运营者选择了违法犯罪的道路；第三种是寄居者犯罪，也就是寄居在微信、抖音、淘宝等合法平台的小运营者或者用户实施犯罪，在这里通过欺骗、引诱等种种方式展开犯罪。这种犯罪形态其实就是传统犯罪的网络空间化。

网络空间与现实空间相比越来越实在化了，人们越来越习惯于在网络空间进行社交、娱乐和购物。我们在虚拟世界的财产很多也是可以顺利流通的，与真实财物无异。我们现在越来越习惯于移动支付，现金交易反而变得越来越稀少。但是移动支付的便捷性也越来越为犯罪提供了便捷性。

也就是说虚拟生活变得越来越真实。而虚拟生活由于移动互联网——以这些 App 为代表，也具有了很强的人身属性。每个人通过 App 登录，就是个人身份进入了一个世界，这个世界变得越来越真实，人们来的次数也就越多，总体来看，人们通过手机上网的时间越来越多。人去了哪里，犯罪自然也追到了哪里。

疫情期间，当面接触减少，为网络电商和服务商提供了不少商机，同时也为网络世界增加了一些犯罪风险，App 犯罪有所增多。

其实这是犯罪形态适应社会发展形态的表现，社会在发展和进化，犯罪也在发展和进化。

因为我们要知道的是，犯罪的实施者也是生活在当下的人，而他要想实施犯罪肯定要到人多、钱多的地方去，这样才能提高犯罪成功的概率。

就比如盗窃行为，现在大家普遍都不怎么带现金了，那你扒窃钱包能偷到什么？现在的钱其实都转化为了虚拟的代码，或者虚拟的物品或者网络币，事实上整个社会的经济生活正在向网络迁移，犯罪自然要尾随而至。如果继续停留在传统犯罪方式，就很有可能被饿死。

所以犯罪也在"与时俱进"。

犯罪形态向移动互联网领域迁徙，最明显的就是 App 应用程序的迁徙就是为了"生存与发展"。

2. 算法不应成为独立王国

犯罪之所以愿意向 App 这些移动互联网的领地迁移，除了要跟上时代的变化，追逐潜在的被害对象之外，还有互联网的本身属性使然，比如匿名性、隐蔽性、规模化、自组织等模式。

这些特性让犯罪更加隐蔽，但是犯罪的力量却可以通过算法无限扩大，因此犯罪的规模也呈现几何级数的提升。

但是好在现在犯罪门槛相对还比较高，比如编写代码还不是谁都会的，习惯使用各种社交平台和新型工具的还是一些年轻人，或者有一定学历的人。这些人仍然是有限的，因此整个App犯罪还没有起来。

但是随着编程逐渐纳入基础教育，移动互联网一代成长起来，这个犯罪门槛将变得越来越低。通过算法等技术手段，通过灵活使用社交平台工具实施的犯罪，将逐渐成为主要的犯罪形态。

以后完全不包含移动互联网技术的传统犯罪形态将变得越来越少。

面对这种新的犯罪趋势，司法机关应该有所作为。

目前的主要问题是现有的法律体系和社会规范体系还不能完全适应移动互联网的环境，还没有充分重视网络空间的实在性和日常性。老是把互联网空间当作一种例外的存在，等待与现实世界进行等价比较，比如虚拟物品是否属于财产的问题，就经过一会儿说是一会儿说否的反复。现在又轮到个人隐私数据的权利归属问题，也不能很快达成一致。

包括人脸识别等为代表的隐私安全，与移动互联网的快速发展之间也不能实现平衡。

这说明虽然社会的重心正在往互联网端迁移，但是我们的工作和生活重心还是在线下，整个社会对网络空间的规范还不够熟悉。

还是有一点网络是法外空间的味道，网络空间并没有充分地得到法律管辖。法律人总体上来看对信息技术的理解能力也有所欠缺，对新技术的应用，对网络空间的生存体验都不够。

这就很容易造成网络世界的法律真空。

比如现实的金融安全我们原来盯得挺紧，银行等金融牌照肯定是不可能拿的。但是移动互联网技术之后，一个 App 就可以发挥各种金融功能，并不需要实际的门店。

我们原来注意得不够，对金融创新的监管有一定的放松，但是从骨子里其实是把 App 这种小小的网络程序看低了，我们看低了互联网的力量。

虽然这些 App 的图标在手机屏幕上只有一平方厘米左右，但是其背后可能是百万级、千万级，甚至是十亿级的用户。这些用户对一些应用程序高度依赖，由于这些程序抛出一些诱人的利益让人们为之倾倒，甚至进行了倾家荡产的投入，最后可以聚拢上百亿的资金。

这样的 App 便不是一个简单的应用程序，它是千百万人通过信息技术结成的社会网络，它是一个小小的国度，这些程序形成了它们的国土，这些用户就是它的臣民，那些算法就是统治它们的法律，那些掌管算法的运营者如同王侯。

在这个虚拟的世界里，真实世界的法律反而被关在大门之外。我们没有建立对算法的合法性审查机制，我们不能够将这些算法纳入我们的规则体系，就使它们成为了一个又一个的独立网络。

这些用户有的是被利益诱惑吸引进来，有的是亲友发展进来，有的是被广告短信诱骗进来，但是只要进来就很难出去。一方面是利益诱人，另一方面是私人信息一旦输入，一旦被运营者掌握，就很难全身而退。

因为个人信息是虚拟世界的身份证、通行证，甚至是财产凭证，拿到这些之后，即使未经允许也可以通过技术手段进行财产窃取，甚至只要变卖这些个人信息也可以获得一定的收益。

显然，这些 App 不应成为法外之地和独立王国，我们要对网络空间予以充分重视，就像我们对领土主权和治权的充分重视一样，我们也要充分重视每一比特网络空间的主权和治权。

3. 算法背景下的司法策略

网络世界的规则当然需要立法的不断完善和重视。但是必须承认，立法有着严重的滞后性。

而司法恰恰可以弥补这种滞后性，通过案例的方式形成一定的细节规则供以后立法参考，也为后续处理案件提供指引。

因此，对待涉及 App 犯罪的案件，在办理案件的同时，可以通过检察建议的方式，建议企业进行合规性整改，也就是从互联网公司的算法上与现实的法律进行直接对接，核心算法与相关法律存在冲突的地方应当建议修改。同时建议相关主管机关完善监管规则体系，通过加强管理的方式保证算法的优化。

检察机关不仅可以通过指控来治理网络犯罪，也可以通过公益诉讼和检察建议促进企业合规。

表面上是算法，背后仍然是人，其实是人披上了算法的外衣，让我们看不清楚，被掩盖在这些冰冷的数学逻辑背后。因此，对于发案率比较集中的互联网行业，应当建议监管机关对企业算法进行审查，将隐藏着的算法规则显性化，通过显性化使其容易被人审查，从而判断是否符合法律规定。

当然，其实 App 犯罪远远不仅仅是运营者的问题，很多时候其实是寄生在合法平台下擅自干的非法勾当。

如果是在现实生活中，那很容易受到执法机关的监管，构成犯罪也容易被公安机关发现。

但是网络世界是平台的地盘，并没有现实世界的摄像头和警报器，在这里执法，或者打击犯罪就特别需要平台型 App 的配合。需要通过特定算法形成现实生活中的报警系统，协助司法机关发现线索、固定证据、抓捕人员。

司法机关在虚拟世界就需要虚拟王国的司法协作。

在合作这个问题上，我们也特别需要注意对隐私权的保护，加强管理并不是让网络世界完全笼罩在监视阴影之下，那将损害网络世界的自由流通性和活力，同时也要特别考虑平台 App 算法的相对独立性。

也就是既要要求虚拟世界合法、守法，也要保证虚拟世界的繁荣和创新。

我们需要让虚拟世界也受到现实世界的法律管制，也就是让每一个用户像在线下遵守法律那样，在线上也遵守法律。但是我们也必须尊重虚拟世界与现实世界的不同，最大限度地尊重这里的隐私权，在隐私权和合法性之间实现一种利益平衡。

也就是我们既要通过无界限的互联网，无拘束地表达，扩大现实世界的边界，实现个人的无限可能，又要保持这个世界的基本秩序，实现效率、秩序和公正的平衡。

不起诉是对事还是对人？

实践中，我们会说一个案子，起诉了几起"事实"，不起诉几起"事实"，有些时候甚至是"罪名"。因为刑事诉讼法在提到不起诉时，有时用的是"案件"，而这些部分的"事实"和"罪名"也是"案件"啊。有人感觉我们的不起诉针对的好像是事。

如果这个结论是对的，那为什么这种情况并没有出具不起诉决定书呢？

这是因为不起诉决定书都是对人的，它是对嫌疑人涉嫌犯罪的全部事实的评价。而不是对一个事实、一个罪名的评价。

从这个意义上说，不起诉应该针对的是人，而不是事。

事实上，针对一个共同犯罪的案件倒是可以起诉一部分，对另一部分不起诉。也就是一个案件其实可以基于人而分开来评价，即使这个案件就这么一起事实。但是由于证据的原因，有些共犯的指控证据不足，那也可以分开来评价。

这种分开来评价是正式的,会分别制作起诉书和不起诉书,然后会产生不同的处理结果。

而且不起诉是一人一份,每个被不起诉人的不起诉书都是不同的。

但是我们知道,即使被告人众多,有些人判无罪,有些判有罪,也不会把无罪的拆开写不同的判决,还一人一份。

1.

那问题来了,为什么法院是一堆儿一起判,检察机关的起诉和不起诉要分开,尤其是不起诉书要根据人头分别撰写呢?

起诉与不起诉分开这个比较好理解,因为要确定审判范围,对于那些没有起诉的就没有必要向法院汇报了。因为法院并不是上级机关,法院是审判机关,它只就指控的人和事实进行审判。

对于没有指控的人,它并不关心,它也不应该过多的关心。这是由控审分离的原则决定的,法院要保持中立就不能主动出击,它不能同时扮演审判者和追诉者的角色。因此,它不能提出追诉的意见。如果它提出了追诉意见,那还叫辩护人怎么辩护呢?这是一个基本的常识。

但是不起诉书为什么要分别撰写?即使它与起诉书分开,是不是也应该出个大不起诉书,把所有被不起诉人都放进去,然后每人送达一个副本不就行了,那样不是更省事吗?

似乎这样好像没有刚性的不妥，没有任何法律禁止撰写这种大不起诉书。

要想回答这个问题，就要回到不起诉书的功能上来。不起诉书与判决书有相同点，那就是它们都带有终局性，代表了诉讼程序的结束。但与判决书不同的是，它没有经历类似于审判那样的整体审查过程。检察官阅卷虽然是整体阅，但提讯是个别进行的，也没有举证质证、法庭辩论这种整体的审理环节。而且不起诉也不存在定罪量刑，也不需要与同案犯的比较。因此，没有特别需要相互了解对方的处理情况及细节。而且不起诉书对于被不起诉人来说是解除诉讼程序的证明性文书，只要有自己的内容就足够了，也不需要其他人的信息。

而且不起诉的结果虽然公开宣布，但仍然是一种个人隐私，把不同被起诉人的信息混合在一起，容易导致隐私的不当传播，并不利于被不起诉人复归社会。

因此，不起诉书一人一份其实是司法人性化的考虑。

但判决为什么能够把无罪的人都写到一起呢？

这是因为案子经过了集体的审判，审判的过程是一体化的，即使是不公开审理的案件，但是举证质证、法庭辩论、最后陈述等环节都是一起的，也就是所有参与人在这些认知上是集体进行的，是不可分割的。因此也有必要整体地予以回应，不管是有罪无罪，还是哪些人判无罪，都应该落到一起。这也有一个整体的比较。

同时上诉的时候也是全案审理，即使是只有部分上诉人，但是所有的原审被告人都要参与审判，这是强制性的，并不是不上诉就可以不去。

但是被不起诉人没有强制参与审判的义务，除非作为证人被强制到庭，但显然与原审被告人的义务有所不同。

因此被不起诉人既没有必要与被告人放在同一个场合去处理，也没有必要与其他的被不起诉人放在一个场合去处理。因此，单独文书、单独处理作为一个更加适当的司法处理方式就被保留了下来。

2.

单独文书的事处理完了，还有一个更加复杂的问题，那就是减少罪名和减少事实的时候，如何体现？

目前除了审查报告，并没有一个法律文书对此予以体现。

比如公安机关移送审查起诉100起事实，最后起诉了50起事实，对另外50起事实并不会专门出具一个不起诉决定书。因为刚才我们分析过，不起诉是对人的，不是事。

但实际上的情况是这50起事实也是没有起诉啊，这需要在哪个地方给一个说法吗，详细说明一下这50起为什么没有起诉？事实上，现在没有地方写这个内容。

这又涉及两个问题：一个是公安机关是否要赋予对50起没

有起诉事实的监督权或者说是制约权？另一个是这些案件事实的被害人的权益如何保护，他们如何主张自己的诉求？

从目前看，因为不起诉是对人的，因此只有对整个人作出不起诉决定之后，公安机关才能享有复议复核权。而不是只要起诉与移送起诉的内容有任何差别都可以提出复议复核。也就是从制度设计上看，公安机关对检察机关的制约主要着眼于大处，不是事事制约、处处制约。

这一方面基于检察机关作为司法机关和法律监督机关的信任，另一方面也是检察机关作为指控方，在审前具有主导地位，没有通过复议复核对其事事制约，这也是对主导权的尊重。同时在运行方式上，检察机关的司法属性更强，因此有一个制度信任和赋权的问题。

同时也有一个司法效率的问题，如果不停地对每一起事实的诉与不诉进行辩扯，那也就没有更多的时间和精力打击犯罪，这也不利于诉讼效率的提高。

而且不要忘了，还有辩护一方存在，辩护一方往往对起诉的每一起事实都有意见，也不能在起诉的时候去征得辩护方的同意。尤其是追诉罪名、增加事实，这是公安机关和被害人希望看到的，但是可能是辩护方反对的，但也不可能因为辩护方的反对就不增加指控的内容了。当然该听取的意见还是要听取的。

而且检察机关和侦查机关还有一个检警一体化的问题，同为大控方，还有需要发挥合力的问题。这种审前的整合性模式与庭审控辩审三角构造是完全不同的概念。

检察机关的诞生主要就是为了制衡侦查机关的滥权和法官的恣意。如果让侦查机关对检察机关的制衡能够反制衡，那检察机关的制衡能力就会被削弱。检察机关不是需要制衡，而是更多地需要来自审判机关的制衡，比如无罪判决，减少罪名或事实，对指控意见进行制衡。这样才能叫以审判为中心。

这种顺序是正向的制衡，如果反向的制衡，就成了以侦查为中心。

以往构罪即捕、反捕必诉，侦查机关说什么是什么，不仅是配合，也体现了侦查机关对检察机关的制衡，甚至是对审判机关的制衡，但这种制衡的结果是以侦查为中心，案件质量的降低，将以审判为中心的标准降到以侦查为中心的标准上来。

这也是不能主张过多的反向制衡的原因，不是说检察机关就一定对，只是检察机关离庭审这个中心更近一点，感受到的压力更多一点，对提高了的证据标准感受更深一点，因此更有可能是正确的。

为什么一定要以审判为中心？因为审判是终局的裁判者，它居于中立，它有审判公开、透明的程序保障，所以也更有可能正确。

而立法者正是基于这种程序性的制度理性，才对制约在方向性上做了不同程度的调节，其目的是司法公正。

但是基于证据原因没有提起公诉的部分事实和罪名，有必要正式告知侦查机关继续侦查，并说明侦查方向，从而使案件继续推进，而不至于搁置，变成黑不提白不提了。

同时对于被害人的救济这方面，我们国家确实没有实行公诉垄断主义，根据刑事诉讼法的规定，被害人可以提出自诉。这个信息也有必要让那些没有纳入指控事实的被害人正式知悉，并告知其自诉的权利，从而保障其在法律的框架下的权利。这些都是制度的细节，但是如果没有细节，制度就没法运转。很多被害人只能干等着，听说这个案子判了，但跟自己没关系，那能不着急吗？这时你又能怪人着急吗？

魔鬼藏在细节里，天使也藏在细节里。我们除了了解制度的大方向，大趋势，也就是宏观法学，还要了解这些具体而微的细节，使制度能落到地上的小细节，这是微观法学。而司法的进步正是细节铺就的。

法定不起诉与相对不起诉就不是一个劲儿

在有些情节非常轻微的案件中，我们现在敢于做出不起诉的决定，这其实已经是一种进步了。但是在不起诉种类选择的时候——主要是法定不起诉和相对不起诉两者中，我们往往更多会选择后者，这样会留有余地，也给侦查机关一个台阶。

因为法定不起诉对侦查机关来说往往意味着这是一个错案，但相对不起诉可以理解为对刑事政策的把握问题，影响是不同的。

对于嫌疑人这方面，我们往往以为，反正没有起诉，不管是相对还是法定，虽然也有不同，但是毕竟不是前科，没有定罪，好像影响不大。

但是其实法定不起诉和相对不起诉还真不是一个劲儿。

这里面的法定不起诉主要指的是犯罪情节显著轻微，不认为是犯罪的情形。

确实这两种情形都不会产生前科，相对不起诉认定的犯罪事实并不代表宣判有罪，不会产生法律意义上的定罪。但是在人们的观念中并不一定这么认为，人们还是会习惯地认为这是一个犯罪行为，只是检察机关这次把握了刑事政策，其实起诉也是可以的，也是会判刑的，只不过刑罚比较轻而已。

事实上，这不仅仅是公众的想法，很多侦查人员也会这样想，他们会觉得我们没有抓错，只不过数额上、情节上有那么一点轻而已，下回抓个大点的不就行了？这一类案件还是得办。

但是同一类型的案子其实就不应该再继续办了，有些其实就是机械性执法的案件，比如我之前说的快递小哥的案子（参见《你办的不是案子，而是别人的人生》）。

对于这一类案件，相对不起诉其实只是给侦查机关找一个台阶，但是台阶却没有那么直接，反而点不醒他们。

因为你永远也叫不醒装睡的人。

这个时候就需要法定不起诉直接宣示一个案件的"此路不通"，事实上快递小哥当时就是做了不少法定不起诉，才能发挥及时叫停的作用。

事实上，法定不起诉与相对不起诉给人的感觉是不一样的，即使是认罪认罚案件，如果我们能够判定此类行为不属于刑罚应该评价的行为，即使犯罪嫌疑人以为他错了，也认了罪，侦查机关也认为符合法律规定，而且还付出了很多时间和精力，我们也不能就这样顺坡下去。

如果就这样顺下去，那是非就变得模糊，刑事政策的导向作用就无法发挥出来。

我们现在办理经济案件时格外地重视保护民营企业，不是简单以形式论，避免机械判断，而是更多地强调行为的实质危害性。在制度存在模糊或者疏漏的情况下，避免简单以结果归责，这是一种非常好的执法理念和方向。

近年来也纠正了一批这样的案件，体现了很好的效果。

可是这种具有人文主义的司法观念适用的领域太窄了，仅仅在这种特定类型的案件里才予以强调。

事实上，机械执法在任何司法领域都不应该得到提倡。

某种意义上，敢用、善用不起诉权就是在一定程度上纠正机械执法的问题，但是明明应该适用法定不起诉的案件却保守适用了相对不起诉，这就产生了对机械执法的一种绥靖政策，很难引起充分的重视。

比如，有些医保设定的范围不尽合理，就比如修牙、补牙、拔牙属于医疗范围可以报销，但是镶牙、种牙被认为是医学美容不能报销，不管是不是进口材料都不行。

但是如果你的牙实在修不好，拔掉了的话能不影响吃饭吗？尤其是拔掉了不止一颗牙，它能不影响生活和健康吗？这显然不是美观的问题了，但是现在就是报销不了。

如果有个别医生同情患者这种困境，而将牙齿治疗的科目人为调整一下，从而使镶牙、种牙费用得以报销，自然是很受欢迎的，因此患者也必然增加，从而也提升了单位和个人的业绩，也使自己的收入略微有所增加。这使更多的患者得到了实惠，当然损失的是国家不应该报销的费用。

但是从根源看，是不是有必要对某些报销项目重新审视一下？比如维持牙齿的基本完整是不是也是一种生活和健康的必需？事实上，这只是一个很小的例子。更多的报销项目是不是都有待于重新进行检讨，从而与人民不断提高的生活水平和实际需要相互适应？

在这种制度不完善的情况下，个别医生的违规行为其实是在发挥一种矫正正义的作用，某种意义上是通过违法的方式解决制度的疏漏，最重要的是其本身并未获得根本性的实际收益。这个实际收益其实是部分普通公民的健康。

对于这种行为，如果我们不能旗帜鲜明地使用"法定不起诉"，还是含糊其辞地认可其有罪，只是情节轻微而适用"相对不起诉"，那就既不能使医生的行为具有实质的合理性，也不能体现出制度本身存在的问题。

其实做一个不去变通的医生是容易的，报销不了就报销不了，与自己何干？完全可以事不关己高高挂起，就像我们有些司法人员认为"我办的就是案子，不是别人的人生，我管你什么人生不人生，我只问构不构"。但这是我们要鼓励的吗？

那样的话，哪还有仁心？

我们不仅要关注被不起诉人的人生，也要关注由此所产生的社会导向。

而司法官的伟大之处就在于，他有机会重塑社会环境。

其实我们不是在选择法定不起诉还是相对不起诉，我们是在选择坚持哪一种价值观。

我们保护那些善意的"违法者"，是从实质的角度来理解刑事违法性，要秉承刑法谦抑原则，不仅要让法不向不法低头，我们也要对善良者容错，给宽厚者包容。

更重要的是我们要多检讨自身，不能让制度自身的缺漏成为好人的陷阱，其实我们应该感谢它们的提醒。

因为好的制度才能让坏人不做恶，而不好的制度才容易让好人变成坏人。

司法是制度和生活的桥梁，我们要做的不是机械地执行恶法，我们要不断通过善治促其完善，实现良法与善治的结合。

这才是我们存在的真正价值。

为什么不让证人出庭？

2012 年我参与筹备过证人出庭工作的现场会，那时候以为这项工作是一项大势所趋，我们一定要提前做好准备。可惜到现在也没有看到这个趋势到来的迹象。

而证人出庭是庭审实质化最核心的标志，也就是不断的趋近于直接言词原则，这也是以审判为中心诉讼制度改革的核心内容。

可是八年过去了，并没有实质的变化。

这里面有司法行政化，法官不能做主、没有积极性的原因，也有检察机关没有主动申请证人出庭的问题。

但是至少很多辩护人是申请证人出庭了，而且是多次申请，甚至是强烈申请。为什么大量的申请都没有被准许？

记得好多年前，我旁听过一个案子，那个案子的侦查人员出庭了，主要探讨刑讯逼供的问题。辩护人问了有十分钟，就把侦查人员问急了，但是他这一急，就不经意地展现了一些真实的情绪和信息。

而我原来还以为不至于搞什么刑讯逼供了，但是听完对证人的交叉询问之后，我还真有点相信了。

这就是证人出庭的作用，它会使庭审更加逼近真相。

而且证人具有一种不可控性，不像笔录就摆在那里，以文字的形式维持一种稳定性。

只要一上了证人席，就很难确定他会说出什么来。

但是这不就是庭审实质化吗？不确定性就是庭审实质化的内容之一啊。

如果你从一开始就能判定庭审的走向，那么这个庭开与不开还有多大意义？这不就成了庭审形式化了吗？

不确定性就是实质化的内涵。

当然这个不确定性不是故意造成的，而是基于人的意识的不可控性。

有时候小孩子就是这样，你也不知道他下一分钟要干什么，他就是不可控的。像你又不是你，他的意识并不受你的控制。这种不可控性才体现了人的独立性。

这种不可控性体现在四个方面：

一是与以往证言是否一致不可控，虽然记的是一种内容，但是说出来的可能是另一种内容，有些甚至几乎相反，这种情况只有与证人反复确认才能发现。如果你只听他说一部分话，反而会得出相反的结论。也就是说信息经过反复确认才能逼近真实。如果只是停留在信息的表层，那结论可能就是错的。

二是可能发现重要的却被忽视的细节。有些细节其实很重要，但是侦查人员未必注意到，只有经过交叉询问才会发现。这些细节在笔录中并未记载，但并不等于不存在，只要仔细探问就能够发现，当然前提是证人能够出席法庭。

三是经过仔细询问还有可能发现一些侦查活动不规范，甚至违法的情况。威胁引诱是一方面，这对之前真实性的影响是致命的。而威胁引诱方式未必十分直接粗暴，有的只是一些语言和态度，甚至是暗示，但是都需要证人出庭才能发现。有些时候会发现一些重要信息的遗漏，明明说了但是笔录没有记录，明明这样说却那样记。一问为什么签字，就说因为相信所以没有好好看。如果你也是基于信任，只看笔录就容易被误导，也永远不会发现真正的真相，直到许多年后因为其他原因把真相揭开。

四是法庭的庄严性，仪式感更容易让人说真话，尤其是要与被告人当面对峙，当面扯谎的心理压力更大。当然也有人认为，正是当着面才会产生恐惧，所以可能不敢作不利于被告人的证言，这个也有可能。

所以才要交叉询问，往细节上去问，越是细节方面越不容易说谎，或者谎话越不容易说圆，当然这些只有有人问才会发现问题，如果没人问就难以发现问题。

当然，法庭的严肃性还有可能造成证人紧张而发生口误或者情绪失控的情况，这也不排除。这就需要庭前做一些必要的心理辅导，同时也是在考验控辩双方的出庭技巧。但是我们应该知道，真理是越辩越明的，如果不让证人出庭，虽然不会有任何闪失，但是也会错失了发现真相的机会。

还有就是我们到底想不想看到真相。

在证人出庭之前，我们一般都会选择相信侦查机关调取的所有证据，这种信任不断地让我们付出惨痛的代价之后，2012年《刑事诉讼法》才对证人出庭等证据裁判内容进行全面的规定。

为了公正性，我们不能无条件信任任何人的意见，我们只能相信我们亲耳所闻、亲眼所见的东西，信息的任何传递都存在失真的风险，人性并不是完全可靠的。并非一定有篡改和欺骗，但是即使是遗漏和忽视也会产生致命的影响。

而这些细节往往会被忽视，但是只要证人在，交叉询问的机制在，这些细节就不容易被忽视。

证人在，则细节在。

以往我们常常以为证人出庭少是因为不愿意参与诉讼的文化传统，证人基于多一事不如少一事的心理，而不愿意参与庭审作证。因此在2012年《刑事诉讼法》大修的时候，还增加了证人强制到庭的义务，只有近亲属之间的相互作证不得强迫。为此，法院还制作了证人强制出庭令。当然还有证人保护的机制。

但是现在主要的问题是我们没有通知证人到庭，不是证人不敢到法庭上作证、四处躲避法庭的到庭通知，而是我们不敢让证人出庭作证。

这主要就是基于证人作证的不可控性，以及可能造成的庭审的不可控性。但这正是庭审实质化所苦苦追求的，只是一旦真的摆在面前，我们却害怕了。

我们害怕这种不可控性，害怕让庭审失去控制，尤其是加上庭审直播等公开化的方式，形成一种既成事实，使本来可以把握的案件走向把握不住了。在一些所谓的敏感复杂案件中尤其如此。

我们基于种种原因希望能够把握案件的走向，希望庭审能够按照我们设定的走向发展，不希望节外生枝，不希望有不可控的因素介入。

我们害怕庭审的不可控性、不确定性，其实就是害怕庭审的实质化。我们口口声声说希望庭审的实质化，但是在真正的庭审实质化面前，我们也变得瑟瑟发抖。

这可能才是证人出庭一直没有得到实质化的推进，庭审实质化一直无法实现的真正原因，那就是我们并不敢真正拥有它。

这种内心的排斥才是以审判为中心无法真正实现的主因，似乎我们还没有为它的到来真正做好心理准备。

这也是制约司法进步的内因，外因再猛烈的推动终究还是要通过内因起作用。

第五章

写作的价值

法律人需要严谨的逻辑，需要无碍的表达，这一切都来自于发达的思维能力，而写作则是思维能力不断进化的基础。

　　写作是深度的思考，是将日常碎片化的思维火花聚拢起来，是思维系统化的过程，是将知识内化的过程。不能随时调用的知识其实不是自己的知识。

　　我的经验就是这样的，看过的书和文章，往往很快就忘了，能说的话也说不了太多。但是写出来的东西往往就成了自己的东西，在讲课的时候可以随时调用，尤其是写过系列的文章，就会对一个领域有很深的印象，那就可以讲一讲这个领域了。

　　这其实就是思维进化的过程。写文章是在一个点上实现了思维的系统化，或者固定，而写得多了，就会形成一个知识网络，这些知识点之间还可以互相影响。之前的知识都会成为后面知识的铺垫和积累。而这些都是经由写作实现的。

　　因此写作对于法律人而言绝不仅仅是工具意义上的，它是基石，是铺就职业道路的基石。

原　因

有不少人会问我这个问题？事实上，我也经常问自己这个问题。

写作从来不是一件轻松的事情，每天都如在炼狱之中，但一旦完成又如沐春风。每天都非常挣扎，而且没有尽头。

那到底图什么呢？

1. 创造

写作是在创造，这个很多人都承认，写作本身就被称为"创作"嘛。

写作就是因为世界上没有那个东西，而你把它创造出来，无论是一个故事、一个观念、一种思想还是一种情绪。当然这都是精神世界的东西，而一篇文章、一本书让它有了实在的载体，留存世间，有的甚至可以流芳百世。

古代就有人为了不朽而写作，所谓立言是也。

这是因为文明很大程度上是由精神构成的，无论是书籍、影像、制度、文化、科学、算法等，人类文明程度越高，对精神产品的需求就越大。或者说越是高级的文明，越是体现精神产品的高级，物质产品只是精神产品的载体。

而写作就是构建精神世界的一砖一瓦。我们不是在写作，我们是在创造我们希望的未来世界。

当你对现实不满意时，抱怨是没有用的，你需要的是创造。哪怕是一篇抱怨的文章也是一种创造，因为你会把现实世界的实际问题写出来，从而为那些解决问题的人提供了帮助。

当你有一个好的想法的时候，你也可以把它写出来，那就成为建构这个世界的一个设计，至少是这个设计的一部分。

我们生活的这个世界，很多是由观念构成的，无论是道德、法律、国家还是文明，这些很多都是我们脑子里的想象，我们就是一个想象的共同体。

你的写作就是在丰富这个想象的共同体，让它距离你的期望再进一步。而如果你不书写，就不会参与到这个世界的建构。

那位说，实践不是更直接的创造吗？

的确，有些实践是一种创造，而且是很大的创造，比如对社会的改造，但是我们没有这个权力；发明创新，可以提供新的解决方案；改良改革，我们需要必要的平台。

事实上并不是干活就是创造，有的活只是重复劳动，只是维持运转。

自然也不是只要写就是创造，很多公文写作也是重复劳动，也只是维持运转。

这里指的写作，当然是个人化的，写一些言之有物的东西，写一些新的东西，只有这样才是创造。可以创造出这个世界上没有的词汇、观念、思路，这些虽然很小，但只要是新的就会有价值，就会成为新世界的一砖一瓦。

2. 传播理念

以往来说，写作与传播是有很大的距离的，那就是发表的限制，也就是渠道太窄，很多作品成为了"抽屉文学"。

但在这个移动互联网和自媒体的时代，写作了就相当于发表了，只要你想发表就一定能找到发表的地方，实在不行可以自己开一个公众号发表。

所以写作就可以实现传播，传播一些我们希望为公众知悉的内容，希望自己的观念广为传布。

那如何能够让自己的思想为公众所知悉？那些模糊的片段，那些零散的观念是不方便别人了解的。

那只有诉诸笔端，把这些片段串联成一篇一篇自成体系的文章，才方便传播。

所以文章是思想的容器，不写出来无法表达。太过碎片化的，比如朋友圈里的评论，就不利于思想的传播。

只有那些相对独立的，经过一些编辑整理的文字，就像那些公众号推送的文章，才方便传播。

传统的传播方式就是书籍、报纸和杂志，这三者都是容器，他们就是盛放思想的壳，只是由于壳成本太高，周期太长，所以才不容易传播。

现在有了自媒体，传播的渠道成本降低了，真正回归思想的本质，那就是内容是否吸引人，对人是否有用，这才是它们被传播的根本原因。

所以公共性的写作与记日记是不一样的，前者不仅仅是对自己有用，一定也要对公众有用。

对公众的有用性，决定了一篇文章的生命力和传播力，有了它，文章就好像插上了翅膀。

当然标题党依然可以骗取流量，贩卖焦虑依然可以在短期内赢得市场，但是长久的价值和生命力，仍然需要理性、建设性的思想。

如果你希望能够持久地影响人，那你必须写出一些真东西。

3. 与世界的交流方式

不管我们从事什么行业，其实我们的圈子都是有限的，我们能够接触到的人也是有限的。有些人因为层级的关系，你是根本够不到的，其他人也了解不到，只能通过一些间接的渠道来听闻，但是这些非常飘渺的方式，具有很大的不可靠性，而且在间接传递的过程中信息会有很大的损耗。

这个时候写作就成为了你与更广阔的外部世界交流的方式，所以传播的不确定性可以打破行政壁垒、层级屏障，让更多的人直接了解到你的思想。

文章就是载体，信息没有任何损耗，不管什么人读到这篇文章，都可以完整地理解其中的内容。

现在的文章传播方式与以往纸媒的传播方式已经有了很大的不同，从原来单向度的订阅式、广播式传播，变成了社交式的裂变式传播。

而根据六度分隔理论，你和任何一个陌生人之间所间隔的人不会超过五个，也就是说，最多通过六个人你就能够认识任何一个陌生人。

正是基于这个原因，自媒体的社交传播方式可以向外部世界做极大的扩散，这是与小圈子的肯定、推荐很不一样的传播方式。实际上，就相当于你与世界在进行交流。

只要你有好的思想，就很容易拓展自己的影响力边界，让更多的人知悉。这些知悉的人是在工作中不可能发生联系的人，他们会了解到你，认可你，并给你提供更多的机会。

事实上，你通过写作就扩展了自己的交往边界，为自己修桥铺路，即使你在小的环境中不一定会获得认可，但是你可以在更大的环境中赢得公允的评价。

而且在工作环境中，有些时候对知识产权是不太尊重，即使就是你的创造和成果，最后也会很容易被混同、侵占，甚至张冠李戴。而只有你写出来的东西，大家才会知道这是你的思想，是你的观点和创造，写作的过程实际上也是在标定智力成果。

在小的环境中容易陷入封闭博弈陷阱，只是看到了眼前的竞争，只是锁定眼前有限的资源。但是写作可以让你跳脱出来，承接外部世界的开放博弈，世界足够大，可以容得下很多人共同发展。

而且在这个更大的世界中你也可以赢得更多的机会，有些甚至是你想象不到的，而这些想象不到的机会可能会成就你更大的梦想。

4. 写作是累积和复利

写作是一个持续性的过程，偶尔写一篇是没有意义的。但是持续写就会变得越来越有意义，虽然这个过程极为痛苦。

写作就是量变的过程，只有这个量变积累得足够多才会产生质变，在产生质变之前，你可能都不会看到太大的变化，只能在孤独中求索。

但其实在你求索的过程中就已经悄然地发生了变化，你因为更加努力地阅读、思考、创造，通过这一次又一次的自我煎熬和酝酿,实际上已经悄然地发生了变化,你会成为更好的自己。

　　写作就像复利,文章之间不是一加一等于二的关系,每一篇文章都是下一篇文章的铺垫,每一篇新的文章又是所有旧作的背书和宣传,这就像复利,每一次创作都会把以往的积累投入进来,所以收获和影响都会越来越大,达到一定的量级之后就会呈现指数级的提升。

　　但前提是持续的创作和不断的自我超越,只有不断超越自我才会更好地创造,才会激发读者更大的兴趣,并将这一个过程持续下去,这个复利作用就会发生变化。坚持的时间越长发生变化的可能性就越大。遗憾的是这两点都是很难做到的,尤其是不断的自我超越确实也需要一些天分,但是我想坚持这件事其实是每个人都可以做到的,只要我们有足够的毅力。

　　写作其实不是别的,它是给我们的人生多开的一条路,是可以突破重围的破局之路,是可以不断迭代升级的进化之路。有了这条路,我们的人生就多了一道风景,多了一个选择。

灵　感

对写作的重要性有充分的认知，并有足够的意志力能够完成创造之后，选题可能会成为最重要的工作。因为它是方向，它代表了一篇文章或者一本书中最核心的观点和主张，预示着行文的导向，也暗含了文章的基本结构和创作思路，并且包裹了一种情绪，这个情绪也是支撑写作的原动力。

因此，可以说记录选题是极其重要的，尤其是持续创作的时候，一个好的选题几乎就意味着一篇好文章，没有好的选题，即使很努力，也很难形成吸引人的作品。

但是选题就像稍纵即逝的思想火花，是很难捕捉的，如果不能及时记录下来，事后也很难想起来了，这就相当于灵感吧，选题只是它的形式。

而灵感就是那些从无到有的东西，很多时候是前人没有说过的一个创造性的概念，并不是任何事物的自然延伸，因此通过联想法是想不起来的。

在生物学意义上，它就是神经元突触的不确定性链接。从知识层面上，它是大量知识储备之后的化学反应。

只要能抓住它，就几乎获得了半篇文章。因此，每一个创作者对选题，或者说是灵感都是极为重视的，要随时记录下来。以前很多人是随身拿个小本本，随时记下来。

而现在有了手机，可以很方便地记录，但必须要放下手里的事情马上记录。也许过了十分钟你就想不起来了，如果要重新再想一遍，可能要花费极大的力气，但当时几乎是毫不费力的。

1. 灵感是如何产生的

这个很复杂，但还是有一些基本的道理作为支撑的。

首先要拥有广博的知识，要了解方方面面，不仅仅是自己的专业领域，对各种知识都要抱有一颗好奇心，并且广泛涉猎。这些所谓其他学科的知识，甚至就是闲书，可能会帮你打开认知的屏障，创造审视自己专业的独特视角，有些其他学科的规律可能对本学科有很强的借鉴意义。

而这种广泛的链接，在以往的专业研究中是比较少见的，它实际上是用外部知识拓宽本学科边界的过程，因此很多时候是一种创新，你所谓的灵感就是知识的广泛交叉和联系，产生了很多恰如其分的独特链接。这个链接很独特，又有一定的可行性，所以你自己都会感觉很奇妙，产生了一声惊叹。

好像是神来之笔，其实也是大量积累的结果。这个灵感往往预示了一次学科边界的扩展，这也是一种新的知识，也就是一种创新，所以才有意义。

其次，实践是灵感的终极源泉。很多天马行空的想法如果脱离了实际也就没有了意义，必须回到实践中来，由实践来检验其可行性。

很多时候就是根据实践的经验进行检验。这种检验不是真的做社会实验，而是思想实验，这与爱因斯坦的方式很相似，就是以实践经验为基础做一些思想实验，这样效率会很高。而且随着实践经验的增长，自己对思想实验的判断能力也在提高。

实践确实是理论的源泉，很多书本上讨论的问题其实是无病呻吟，而很多实践中的问题却没有多少人来充分探讨。这里面有多重的原因。

一是象牙塔里的学者缺少实践，个别的实践经验也只是通过当兼职律师办案得来的，视角比较单一，积累也比较有限，因此探讨的问题就缺少针对性，其实他是缺少司法实践的内部视角。

二是学科划分过分单一，程序法学者和实体法学者就互不搭界，导致交叉领域的问题很少有深入的探讨，同时过早分科之后，也缺少其他学科知识素养的不断吸收，就成了贫瘠的专业主义，很专业但也很单一。

三是实务界缺少问题研究的热情，有大量的问题，实务界人士要么是无动于衷——实际上就是司法平庸主义；要么是有心无力，缺少必要的研究能力——仅有的研究能力还是服务于司法决策，有深度的个性化研究是极为稀缺的。也就是有真问题，但是缺少真研究。

只有立足于实践，广泛吸收各方面的知识，对真的问题展开持续的实质化的研究，才会激发出持续的灵感，这些灵感是理论与实践结合的火花。

再次，突破惯性思维的勇气。灵感很多时候是来自于对惯性思维的挣脱，来自于那些不一样的思路。

如果我们害怕自己的不一样会被贴标签，会被人说成是另类，那就永远也不会有新的灵感和思想。

基于知识和经验，通过实践看到不一样的问题，这是一种灵感；即使看到一样的问题，找到不同的解决思路，这也是一种灵感。

因为不一样，所以才有创新性。因为害怕不同而压制真实的想法，就相当于掐灭了灵感之火。

当然有些不同的想法，会有很强的颠覆性，有着方法论上的巨大不同，那可能是一种巨大的创新，这种创新能够提出来，不仅依赖于知识能力，也需要巨大的勇气，以及以恰当方式和适合的表述技巧。

但如果想都不敢想，又何谈写作？如果不能写出一些真东西，又有谁会愿意看？毕竟这是一个信息爆炸的时代，每天都有大量的文章出来。

当然这种求新求变并不是做表面文章，而是一定要有实质的内容，是真正的思考，有实践的基础，能够解决真正的问题，并在知识层面能够合乎逻辑。

只有这样的思考才会迸发出灵感的火花，把这灵感记录下来，就成为选题。

2. 如何记录灵感

这些灵感有时候很模糊，并不容易界定清楚，其边界具有模糊性。

但是总会有一些词语闪现出来，有时候就是一个结论，但不知道怎么得出来的。

我一般习惯于将这些记录在手机的备忘录中，只要一个词或几个词就可以，这个灵感就会被标识出来。

就像刚从地里拔出的萝卜，还带着泥土，实际上这些词汇或者短语的背后，代表着一种浓烈的情绪，有些是不吐不快的，这就构成了写作的冲动。

这种情绪比较强烈的时候，要尽快把文章写出来，实际上就是把情绪抒发出来。如果再思考思考，等情绪冷却了，那就不容易写出当时的心境。这个心境并不仅仅是情感，而是披着感性外衣的理性思考片段。如果错过这样的机会，就要重新酝酿，而最后的落笔往往会不如当时那样的鲜活。

但是我们不可能随时展开创作，很多时候都在路上，在忙其他事情过程中，前面说的准确的记录，就很有意义了，尤其是把最能代表当时情绪的词汇记录下来，就可以帮助我们事后随时激活当时的冲动。

它们就像储物柜的钥匙，帮助我们随时调阅灵感。

这些选题多了，写作就会变得相对轻松，至少总是有题目可写，这要比随便抓一个题目写好很多。

这种储备的灵感，看起来是随机的，其实都是很长时间深思熟虑的结果，而且能够被记录下来，已经是很有意义的了，是在实践中能够说得通的。

所以才叫选题，就是已经筛选好的题目，写就是了。

3. 灵感的展开

当你把尘封的灵感展开，就像把食物从冰箱里拿出来，有一个解冻的过程，需要让它们自然伸展，让当时的灵感的枝叶尽量展开。

把当时并无逻辑的思想碎片尽量展现出来，先把它们写出来，再重新审视，按照结构进行排列组合，这每一个碎片上都会生长出新的内容。我们的写作反倒具备了设计框架的功能，那些核心的灵魂早已注定在选题之中，这样，血肉只是一个自然的生长过程了。我们的写作反倒成了一种辅助的作用。

如果情绪足够强烈，甚至都无须展开，只需要让这股情绪通过文字的方式慢慢释放，让它们自然地流露出来。虽然这样的结构没有经过设计，但是行文会更加自然，因为它始终有一个情绪作为支撑，就像自然生长的一株植物，它的结构已经蕴含在基因之中，它的生长会将这个结构自然地体现出来。虽然不如机械设计那么规整，但是更浑然天成，看起来更加自然。

我其实更喜欢这种没有经过雕琢的结构，感觉这样更浑然一体，而且在内容的表达上更加能够突出实质性，不会被结构所累。

很多时候，文章经常被我们人为设计的结构所累，自然这样更加像样子，更加符合规范，但往往也是一种写作上的形式主义。为了看起来好看而努力，忽略了文章的功能以及表达的流畅性，这样实际上会阻碍实质内容的表达。

因为很多结构并没有那么多内容做支撑，这些看起来好看的结构，也没有自然的逻辑支撑，所以读起来就十分的生硬和费力，就要硬来补充一些内容。这在必要性上就会打折扣，衔接上就会不那么连贯，就像经过整容的容貌，看起来符合了一个标准，但是却失去了美。

实际上是失去了独特性，而独特性是与实质性紧密结合的，这个实质性的内容本身并不完美，只是需要恰到好处的表达方式，而不是所谓"完美"的结构。

这个恰到好处蕴含在灵感的基因里，蕴含在题目之中，它们就是实质内容的一部分，你会自然而然地将它们表达出来，也就是通过生长的方式，而不是设计的方式表达出来。

这其实是对灵感本身的尊重，是对内容独特性的尊重，是一种更加自然的表达方式。

准　备

写作算是一种与拖延症斗争的艺术。而拖延最多的一个理由就是"我还没准备好"。

这也是我原来经常对自己说的一句话，也是很多人对自己还没有下笔的一种辩解。

因为写作是一种创造，或者说是孕育智慧的过程，所以难以避免要有分娩的痛苦。

而这是我们普遍畏惧和排斥的。所以能拖一天是一天吧。

在学校的时候，不到截止日期一般不会交论文，要等到手头的资料都看完，没得看的时候才动笔。上班以后面对很多书面材料，不少人也采用拖字诀，或者将写材料的活尽量推给别人，因为"写"本身就是一种痛苦。

不少朋友问我如何能够写出东西，我的回答直截了当，写就是了。不去写就永远不会有东西出现。

但是他们的理由往往是，我现在还没有经验，我要积累几年经验再去写；我现在看的书还不够多，我要多看点书；总之我现在还没有准备好。

事实上，我想说永远也没有完全准备好的那一天。不是说不去准备，而是很多的准备只是不愿意开始的借口。

现在工作了，除了必要的工作任务，写作成了一种非常个人的东西，写不写是没人监督的。虽然大家也知道写作有用，发表还能不断扩大影响力——写作看起来有很多好处。但就是不愿意去完成。

这是因为写作其实是打破舒适区的过程，很多事其实都是被动的，比如看书，看起来是主动的，但其实作为信息的输入来说，它无需调动太多思绪，只要看就行了。看电影、电视和视频就更是如此，连文字性的思考都省却了，就会显得更加轻松。

但是写作是一个从无到有的过程，没有什么可以捡现成的，真正的内容必须经由自己的理性思考创造出来，这是一个复杂而痛苦的过程，是考验自己真正的知识储备的过程，需要大脑飞快地运转，因为这是一个输出的过程。

写作的目的往往是发表，而发表还是一个将思想公之于众的过程，这与写日记是不同的，它会得到多方面的反馈，这是一个将思想公共化的过程。而很多人对自己的思想没有信心，害怕将其公之于众，害怕受到负面评价，害怕被批评。

事实上，被批评是写作者的宿命，再优秀的作品也会有不同读者提出不同的意见，总会有人来批评。我刚开始写作的时候，听到批评的声音很多，随着写作的增加，这种声音才慢慢减少。这其实是一个良性的循环，因为有了这些批评，你才会看到自己真正的问题，有则改之无则加勉啊，这些批评是最好的反馈机制，就像老师的评语一样，你可以从中发现自己真正的问题和薄弱环节。有些甚至是自己思维方式的问题——原来都自以为挺好的，现在让大家这么一说，才知道有问题。这种东西如果不公开化，还以为一直挺对的。这相当于一个学习的过程，写作是你与公众交流的媒介，通过这个媒介的反馈，你自己才能有收获和提高，你就实现了一种进化，这样你的思维水平才能够得到提升。

而只有"准备"，不去"写"，是无法得到反馈的，它只是一个不愿意接受品评的借口，是一种心理畏惧。

因此，写作也要有一种不怕暴露自己缺点的勇气，将自己的思想坦然地呈现给公众，因为没有批评就没有提高。

因此，写作实际上是一个克服心理障碍的过程。很多第一次跑马拉松的人也是一样，认为自己不行，但是如果你不去尝试就永远没有机会。

写作就是一个尝试的过程。

所以你知道什么时候算是准备好了？

就是现在。

很多人认为应该十年磨一剑，经过长时间的准备，然后拿出一部作品，石破天惊。确实有人可以做到，但是那是极少数，大多数一定是十年之后早就把这事忘了，这十年之中也没有在磨什么剑。

因为对普通人来说，我们的惰性都是很强的。我认为细水长流可能是一种更好的选择，也就是一种写作的渐进式路线。

尽快地开始投入写作，将作品公之于众，在"丢丑"的过程中，你还会受到莫名的鼓励和关注。而你写的越多，受到的鼓励和关注就会越多，很快就会超过了批评给你带来的负面情绪，这就使写作成为了一种正面的价值。让写作和发表成为一种自我激励的机制。

一旦写得时间长了，偶尔没怎么写的话，就会有很多人问你，你怎么不写了？很多问题出现了，读者就想听听你的看法，这些期待是真实的。这是一个输入者对输出者的期待，这是对创作者的期待。

因为你不写就不会有这些观点，就不会有这些独特的表述。

这些都可以成为写作的动力。这实际上是一种荣誉绑定效应，是你自己给自己架到这个地方了，不写对不起读者了。

写作将不再是你个人的喜好和任务，写作将变成一种责任，这将成为一种强有力的约束，这将使你获得一种他律的机制。

因此，写作其实是一种从自律到他律的过程，从而减少自律的不稳定性，将自己逐渐放入一个自律与他律相互结合的稳定轨道，从而使创作获得稳定的机制。

这是你在写作之前所很难想象的，也是必须经由不断自我克服并投入写作、与读者互动的过程才能够实现的。

经常跑步的人，会形成跑步的习惯，他们从跑步本身就可以获得快感，这有生理上的机制。而约跑、马拉松则是一种外部的约束机制。

写作达到一定的阶段之后，就会由作者和读者创造了一种交互网络，读者不再只是批评，更多的是对新作品的讨论，是将作品作为读者群落的议题设置，在作品之下再延伸。而如果你没有这个作品，就不会有这个思想讨论的空间，有时候这个讨论的范围甚至会不断扩大，成为社会性的议题。

因此，你的创作就成为一种公众性的需要。

事实上，你其实不是在写作之前做好准备，而是在写作的过程中完成准备的。在与读者的互动过程中，在交互网络的构建过程中，成长和成熟起来。

因为要不断地输出，所以阅读也将变得更加高效和有收获，在实践中你也将会更加留心地观察以寻找可以捕捉的创作灵感，平时思考时实际上就相当于在构思作品，在预设读者的反馈，预设这些文章作为思想议题的价值，在思考能为读者提供什么样的价值。

而这些才是真正的准备，之前的准备更多的是心理建设。

所以，不要再问什么时候算是"准备好了"，现在就去迎接挑战吧。

心 流 状 态

　　心流状态其实就是一种专注做事的状态，全情投入，不愿被打扰，甚至可以忘记时间的流逝。

　　写作尤其需要心流状态，没人可以在三心二意的情况下写出好作品，有时甚至是完全写不下去。

　　但是心流状态是很难保持的，尤其是现在有手机，不时地都要拿出来看看，各种 App 都可以消耗很多精力，然后让人忘了自己真正想做的事情。

　　事实上，不断地分散精力可能也是抗拒进入心流状态的表现，就是想找各种理由逃避最应该干的事情。虽然写作有百般的好，但是因为很苦，很煎熬，所以内心其实是很抗拒的，能躲一会儿是一会儿,然后对这种躲避的行为进行合理化的解释。比如我先看会儿书吧，看书是为了获取新知，也是好的，从而减轻自己因为不去写作而要承受的负罪感。自己对自己说，反正我是在干正经事，又不是闲着，或者说，我现在还没准备好，让我再想想,这时候写出的东西不够成熟。然后也没有真的在想,还是干别的事了。

其实我们知道这些都是借口,但是就是忍不住逃避。

就像工作,我们知道投入进去可以很高效,一会儿就干完了,但是我们就是止不住聊天,上网闲逛,看看手机,刷朋友圈和短视频。然后一天很快就过去了,结果什么正经事也没干。一个半天的活可能会拖上一个星期,都是等着最后要交稿的时候才开始动笔,其质量也就可想而知。我们同样会对这些行为进行合理化解释,什么需要办公室社交啦,需要发散思维啦,需要放松大脑啦。

我们不得不承认,这就是一种拖延症,只不过每个人的表现程度不同,就是我们的自控能力还不够强大。

我们懂了很多道理,还是过不好这一生,就是因为这个。

我们没法将有价值的事情付诸实践,最后得过且过,比如我们知道跑步是有好处的,但是起床的时候就是起不来,从三天打鱼两天晒网,到最后慢慢停下来,那我们就无法收获通过跑步获得的高质量的健康。

事实上,跑步还可以锻炼我们的意志力,每天早上都能够下得了狠心起床跑步的人,他也可以狠下心来做自己认为正确的事,包括写作。而且跑步会使他的精力更充沛,思维更活跃。

跑步实际上可以帮助我们提升自控能力,而进入心流状态的重要前提就是这种自控能力。

该做什么马上就去做，绝不拖泥带水，暂时屏蔽外界其他信息的干扰和诱惑。在自己稍微有所动摇，思绪有所飘散的时候，就马上能将自己拉回来。

写作的开始就是将自己按在座位上的过程。这个时候什么也不干，就想着写什么，怎么写。由于我们已经有了自己的选题库，就比较好确定需要写的题目，题目一旦确定，那写就是了。

至于能写成什么样，会不会让人笑话，能不能让读者满意，那就看自己的实力了。而这个实力是平时积累的结果，这个积累很大程度上指的也是写作，之前的写作就相当于今天写作的思维训练，而正是长期坚持写作，才会有知识不断的系统化，从而增加对知识的驾驭和调动能力。

事实上，只要写起来，哪怕是一段话甚至一句话，就容易进入心流状态，就好像进入了另一个世界，那些思绪不知怎的就跑到了手指上，就开始劈劈啪啪打起来。我们只要跟着这个思绪走就行了，这实际上就是心流状态本身。

专注于当下的事情，专注于思考当下的题目，这是与被动接受信息完全不同的状态，如果大脑里面有了 CPU 的话，我都能听到里面有飞快旋转的声音，实际上是因为害怕 CPU 过热而启动风扇的声音。

是的，这个时候大脑是高速度运转的，要尽量调动足够多的资源，才能实现一种创造。这种创造既包括创意——也就是从无到有的新观点，也要有对现有观点的整合、梳理，对自己碎片化思想的系统化，并将它们文字化。按照别人能够读懂的语言流畅地表达出来，让别人能够看明白。所以，这是一个高度复杂的功能。

某种意义上，我们能够把握住自由进入心流状态的能力，并能够维持一两个小时的时间，我们就几乎掌握了写作的钥匙，实际上也就掌握了高效工作和学习的钥匙，它是一把开启高效人生的钥匙。

很多人会问我，如何能够坚持每天都在创作，并且有这么多持续的输出？

我想秘密可能就在这里，我可以比较自由地进入心流状态。有这么几点可以与大家分享：

第一，坚持跑步，维持基本的自控能力，如果跑步都坚持不下来，凭什么相信自己可以坚持做其他更难的事情？而且跑步可以维持更好的健康水平，更有助于睡眠，从而也可以保持精力，而保持精力也是进入心流状态的基础，因为心流状态是很耗费精力的，精力不足的话就不能维持很长时间。

第二，长期大量的阅读。保持一个用语言构建的思维环境，尽量少看视频，这样在写作的时候就比较容易整合自己的思绪，因为它们也是由文字构成的，这就是维持思维方式的相似性。看的书多了，自然就会产生想法，而这些想法就是字词、短语和段落，就是比较容易构建文章的质料，这和影像不同，影像还是需要重新总结描述的。对于虚构作品还行，但是非虚构类作品的创作，很多是论理的东西，这样影像的帮助就不大，而且它也会占用有限的内存和时间。

第三，保持情绪可控。写作需要情绪，它包裹了很多感性的力量，这些也是很吸引人的东西。但是它需要被充分地掌握，才不至于影响心流的稳定性，以一种稳定的理性的结构将情感适当地表达出来，是比较好的方式，也是可持续的方式。也就是保证了情绪可控，才能做到思绪可控，才能保证头脑的高度专注可控。所以说心流是一种持续稳定的心理状态。

第四，良好的写作习惯。比如提前准备的选题，不要临时抓题目。提前将灵感收集起来，不至于为了思索题目，而不断进行思维发散，那样就很难进入心流状态。心流状态还是需要一个明确的方向的，由这个方向限定住一个相对狭窄的思维空间，这样才能集中精力进行写作，毕竟我们的脑容量是有限的。我们不能同时干很多事，心流的意思也就是专注干一件事。

然后就是长期的写作，形成一种写作习惯，选择一天中精力最旺盛，相对安静的不容易被打扰的时间，至少要有一两个小时整块的时间，才容易进入心流状态。然后养成习惯，这个时间就用来写作，不干别的。其他时间用来阅读，思考选题或者做其他准备工作。专门找出一块时间专门进行写作，容易形成生物性习惯。到点儿就想写东西，就比较容易进入状态。当然这个时间也不能太长，否则精力一般难以持续。而经常写要比偶尔、突然写一篇要更好，这就像运动一样，还是要长期坚持。

所谓的心流无非就是一种专注的状态，而只有这种像激光一样专注的思绪，才可能点燃创造的火焰，才可能完成思维的整合。所以写作也是一门关于专注的艺术，长期的写作就是一门自律的艺术。而这门艺术用在生活中的其他方面也一样可以创造更高的效率和质量，因此也是一门特别值得学习的艺术。

言 之 有 物

　　能做到及时地有感而发已经不容易了，但那只是从作者这个角度而言的。对于读者的感受来说，他并不会在意你创作的痛苦、煎熬和抗争，他只在乎作品对他们是否有用，因此如果要想作品真正受欢迎，有长久的价值，那就必须做到言之有物。

　　所谓言之有物就是要有真东西，对读者真的有用，而不仅仅是满足一时的情绪，或者仅仅出于炫耀心理。

　　这个真东西，首先要真实，不能虚情假意、矫揉造作，或者说的话连自己都不相信，自然也不会得到读者的信服。自己都不相信的话，不管出于何种目的最好都不要说，这会有损诚实的品格，最终会逐渐失去信用。要说就说点真问题，真的想法，不一定绝对正确，但是自己是相信的，所以这个态度就是真诚的。写文章与做人一样，首先就是要待人以诚，这是一个态度，也是基础。

　　其次，这个真东西，还是要有些实质的内容的。有些论文东拼西凑不知所云，或者真正有价值的只有一两句话，那就说一两句话就够了，这么多的铺陈简直是浪费，给人一种性价比不高的感觉。看了半天看不到有用的东西，也就是干货的东西不多，自己的东西不多，都是别人的东西，那就不要写了，我们直接看别人的东西就行了。因此，这个真还是真材实料、货真价实的真，是有原创性的内容，有自己独特的想法，有比较深入的思考，而且这个想法还要让人信服和认可，这个真体现的是功力和实力。一句话就是有料。

再次，这个真东西，还要体现它的持久性，是一种耐用消费品。不是口水文章，看完就完了，而是看完可以让别人有反思，不是昙花一现，甚至是几年以后再来看还是有用。虽然可能是以自媒体的形式出现，但也包括了一些持久的价值，有一些穿透时间的力量，是可以结集出版的文字，是可以一读再读的文章，也就是可以经受得住时间的考验，有些是可以传世的内容。时间是最能检验内容的价值的，有些文字是因为当事人在世时以某种力量推动，所以得到传播，但是百年之后当没有任何力量介入传播之后，还能够流传和发行。这自然是因为其自身的力量。这种自身的力量，自然就是真的东西。

最后，这个真东西，是可以真的影响人的。也就是那些无用之用的东西，看起来不是实用性的，是虚头巴脑的东西，但是它可以影响别人的思想，从而影响他们的行为，并且自发传播这种思想，这就构成了精神的力量。其实文章的发表形式并不重要，重要的是能不能影响人，能不能被人看到，被人相信，被人传播，被人实践。有很多文章发表的规格和平台都很高，但是无人问津，那也就失去了意义。所谓英雄不问出处，现在是文章也不问出处，真正好的东西自身都是有力量的。但是真正的力量，还在于它是否会对人产生持久而真实的影响。这个影响是真实的，所以才说它是真东西。

这些真的东西自然是来自于背后的真实的付出，这需要大量实践的积累、总结和提炼，需要认真地观察和分析。

同时也需要广泛的涉猎，将他人的思想融化于心，不是简单地记住观点，学会方法论和价值观，事实上很多文章涉及的都不是所谓本专业领域的知识，而是非常广泛的知识，甚至是自然科学的知识和方法，是各种知识和方法，这也是一个长期积累的过程，最后的结果就是忘掉这些知识，好像什么都没有学过。

其实主要是看了也记不住，就是这些记不住的知识，在潜意识里在发挥作用，具体怎么发挥作用的我们也不知道，但是看得多了，就容易发挥作用。就容易基于实践产生不同的想法，这个想法有些好像其他人没有提出来过，但其实都或多或少有前人的影子，只是细究起来又不知道是谁的影子。

就比如《你办的不是案子，而是别人的人生》，就有进化论的影子，社会契约论的影子，以及启蒙主义和人文主义的影子，但是你说具体哪条引用的是别人的话，又好像没有。

这就是形成真东西的一个方法论，那就是融化，将前人的思想和实践的真知融化于心。只有彻底地融化才能打破学科的边界，打破理论与实践的边界，产生化学反应，形成新的创造。

这种融化有一个循环往复的过程，一开始也是比较生硬地融化，也有消化不良的问题，对实践的理解也有比较表面的问题。但是一旦这个循环以融化的方式打开后，在实践中就打开了多重视角，有了不同的认知，这些认知也随着知识的积累而越来越深入，在方法论上也越来越娴熟。而在知识的学习中由于有写作的压力和实践的探索，也就有了更强的动力和更多的主动性。同样的一本书，今年看和去年看就很不一样了，自己的知识框架得到了不断的升级，看到的东西不一样了，而这些不一样的东西又由于持续的写作被系统化地整理，逐渐成为自己新的知识框架，既可以用于求知又可以用于实践，这样就形成了一种认知能力的升级态势。实际上，是写作这个纽带架起了知识与实践的桥梁，以认知能力升级为基础，实现了思维水平的加速进化。

这种进化一开始是缓慢的，在笔下是不容易看出来的，但是随着时间的推演——就像复利作用，逐渐呈现了一种指数型的增长态势，变化就日趋的明显。所以真东西，才会有真努力，而真努力才会有真成长，这是一种良性的循环。

除了书本上的知识的融通，在实践中也有一个融通的过程。以往的就事论事，传统模式，习惯思维，可以借由新的方法和知识的引入而打破，不断看破实践表象背后的真问题。系统性的思维也不仅仅有利于广泛知识的串联，还有利于对复杂实践的把握和洞穿，将原来由一个部门、一个个体完成的司法实践串联起来，把它们更多地放在司法系统的整体框架下来思考：不仅看到一个单位的整体，一个行业的整体，还观察到一个系统的整体。

将原来考虑不到的细节问题整合起来，将背后并不显著的趋势纳入进来，对原来习以为常的工作习惯重新进行审视，都可以得出不同的结论。

这样一来你眼里的世界也就不再一样了。而你不断积累起来的认知能力、知识框架，不断磨炼的写作技巧，又可以娴熟地对这些问题及其背后的原因进行分析，如果你有勇气，还可以提出一些大胆的建议。这些就构成了一个个的创作链条。

实际上，这是一个循环，因为你今天的文章会成为以后文章的质料，会成为再以后文章的一个背景甚至方法论，自己的知识也会不断被融化，汇入潜意识的海洋，为以后的浪花贡献力量。只要积累足够多，海洋就会足够宽广，因此也必然会显得深邃，也会生发出更加美丽的风景。

但这些的前提是，这些东西真的是有用的，是有价值的，而不是表面的和粗制滥造的。任何糊弄事的东西，都会破坏思想成长链的良性循环，而进入糊弄事循环，其实很多事情的道理是一样的。

实实在在的有用性——不仅是表面的、一时的，而是长久的价值，必然富含了更多创造性的劳动，成为有机会融入社会文化的一部分，进而获得代际传承的机会。只有这些实在的创造，才能鼓励更多的投入和付出，而这些投入和付出正是我们思维进化的阶梯。

　　不经由苦痛、挣扎和坚持，是无法获得真正的进步的，人生如此，文章亦如此。

第六章

个人与苍生

为什么有人会杀妻?

　　相濡以沫的妻子,作为世上最亲近、最信任的人之一,为什么会对她痛下杀手?而杀妻不仅要受到法律最严厉的惩罚,也会受到道义上最严厉的谴责,它破坏了家庭作为社会细胞的基本安全感。那这些犯罪人为什么还要走向这条毁灭之路?他们怎么能睡着觉?如果两个人合不来,过不下去,为什么不能用离婚解决问题,而非要如此残酷和决绝?什么是离婚也解决不了的?离婚制度是不是哪里出了问题?

　　这一连串的问题都是需要我们在关注此类案件中需要破解的难题。

　　但最重要的是,这些最令人发指的案件是否能够避免和预防?有什么征兆可以察觉?女性如何保护自己?

　　近年来笔者亲自办理或者直接了解到的"杀妻"案就将近十件,在命案当中其实也占到了一个不小的比例。在这些案件中,笔者也极力地破解其中的一些规律,并期待为预防悲剧的发生提供一些建议。

所谓的"杀妻"，杀的并不一定是现任的妻子，有些是刚刚离异的前妻，有些甚至是同居的异性伴侣，但是都有类似的特征，权且总括地称为杀妻案吧。

1. 有什么是离婚也解决不了的矛盾？

夫妻之间难免有矛盾，这是人之常情。在恋爱的时候很多的缺点都好像很可爱，但是激情过后，慢慢就显得难以忍受。但很多小的矛盾并不是不可调和的，通过相互包容、沟通与理解，完全可以得到化解，至少变得不那么难以忍受。

即使发生了难以调解的矛盾，离婚制度也为夫妻矛盾的解决提供了一种可选择的机制。也就是实在过不了不过就得了，犯得着杀人吗？

这个也是我经常问这些杀妻案被告人的问题，能过就过，过不了拉倒，杀人干吗？而且有些都已经离婚了，还杀人。我也会问他们，不是都离了吗，你自己过自己的日子不就完了吗，你不会再找一个吗，在这儿纠缠不清干什么呢？

但是我从来没有得到正面回答，他们始终还是陷在自己的故事情节里出不来。有的是因为猜疑自己的妻子出轨，通过暴力逼迫其"招认"，将妻子殴打致死。有的是因为房产分割纠纷，在法院判决之后，前妻通过自力救济将前夫赶走时发生冲突。

有的是在财产分割后，在前妻讨要补偿引起的纠纷中，前夫"不胜其扰"，想一了百了。也有的已经离婚又同居在一起，想要复合，后来女方不辞而别，男方为了讨要说法，跟踪尾随发现女方另有所爱，感到背叛。还有的就是因为离婚后与情人同居，之后又因为与情人发生情感纠纷，发现其又与其他男性交往，进而产生矛盾。

这些案子里，情感和财产原因各占一定的比例，但情感因素仍然是主要的因素。而杀人者往往陷入自己的死循环逻辑，不能有效通过社会化的方式解决。其实最简单的方式就是翻篇儿，重新开始生活，但是这一简单的方案并不在他们的选项之中。他们就像钻进牛角尖一样，在自己的逻辑中出不来了。他们自己的逻辑死结就是"离婚也解决不了问题"。但是什么让他们生成的这个逻辑死结？是什么让他们陷入自己设定的困境，不能开启新的人生，并毁灭别人的人生？也许他们有一些自己的特征。

2. 杀妻者的共同特征

事实上，给犯罪人画像是非常危险的，这是试图用简单的逻辑线条勾勒复杂多样的人格特质，以及对幽微人性的探察。事实上，犯罪的原因是多种多样的，有些可能是我们永远无法探知，永远无法预见的不明原因；有些可能就是一些稀松平常的小事，我们根本也不可能注意到，但就是可以在特定的家庭、特定的情景以及由于特定人的特定性格而引爆。但是在这些纷乱的背景下，笔者还是尽力去尝试提出一些线条，供读者共同探讨。

一是缺少自我反思能力。

遇到事情都是先从别人身上找原因，即使都把别人打死了、杀死了，还在历数对方的过错，好像整个案件他是被动参与进来的，是被害人触碰到那些自动开关，才发生杀人的行为，和自己完全无关。

事实上，无论是就杀人行为，离婚问题，还是日常的纷争，这些被告人都没有自我反思的习惯，没有考虑自己哪里做得不对。

顶多是：杀人是我不对，但是她哪儿哪儿都有问题。

有时候我反问他们，既然你的妻子有百般不好，那当初为什么要结婚？有的说没看出来，有的说开始的时候挺好的，后来就变了。没有一个说自己也有毛病，自己也变了。

二是控制欲强。

这表现得也很明显，就是事无巨细都要按自己的意见办，要自己能够完全把控住，也不管应不应该。

比如，怀疑自己妻子出轨而在家里安装摄像头，然后随时通过手机对妻子的行为进行监视，一个电话打不通，就要开开摄像头看看怎么回事。

还有的已经解除了婚姻关系，把再次同居的行为当作复婚来看待，在女方离开后，就跟踪尾随，还不容许对方再找伴侣。

有的只是情侣关系，虽然为了女方离婚了，但是双方并未建立稳定的婚姻关系，但是在分分合合之中，也还是不能接受对方再找其他异性伴侣，具有很强的占有欲。

三是社交能力弱。

其实这些案件里都没有什么特别大的矛盾，都没到不能化解的地步，但是这些被告人普遍感到没有别的出路了。

不愿意出去租个房子，年纪轻轻也不愿意出去闯一闯，好好找找工作。也没有太多人可以倾诉，没有化解纠纷的社交能力，也没有摆脱矛盾的能力，没有太多的社交网络，比如亲朋好友帮助出谋划策，沟通协调。

好像自己困在这个局里出不来，自己感到愤懑和绝望。这些人也是绝望的男性，杀掉最亲近的人还能指望被谁信赖？或者还能信赖谁？

四是挫败感、无力感。

这些人很多没有特别成功的事业，或者即使有一个稳定的职业，但也没有特别多上升的空间，而且对失去这份职业感到特别的担心。其中一个案件，女方到被告人单位去闹过，被告人就感觉解决不了了，失去工作就完了。

当然也有一些名人杀妻的案件，但是例子比较少，而且可能里面还有一些特殊的情况我们不了解。因为杀人是一条绝路，在一个人有选择的情况下，一般不会走上这条路。这些人普遍还是没有太多的前途和事业，没有在外面施展抱负或者发泄情绪的机会，就会将一些负面情绪带到家里，俗称"窝里横"。

但是很多女性也咽不下这口气，于是就会有反抗、不服从，冲突和矛盾就会加剧。

八十年代有一个案例，一个男的因为自己"接班"（父母的工作岗位由子女顶替）的事没有成功，闷闷不乐，回到家中，由于妻子在照顾两个孩子，还没有做饭，就生气了，问妻子为什么没做饭？妻子回了一句：你不是也能做吗？结果男的就火了，把妻子打死了，两个孩子来劝也把孩子给打死了。

当然，我们后来了解，这个人也是长期有家庭暴力，但是挫败感也是一个原因。在外面没出息，在家里找毛病的人也确实存在。

我们承认，与更成功的人相比，我们都是不那么成功的，这其实是一个没有止境的比较过程。关键是看我们有没有尽力，我们如何消化这些负面的情绪：是将这些挫败感转化为进取的动力，转化为其他积极的力量，比如发展一些自己擅长的才能，甚至是培养孩子；还是将它作为负面的力量在家里宣泄？

事实上，所谓的挫败感每个人都会有，也不仅仅是男性有，关键是还是要看怎么面对，怎么调节，怎么与自己达成和解。如果负面的情绪以不适当的方式宣泄出来，伤害的一定是两个人，而且长此以往就积累成不能化解的矛盾。

虽然前期积累了很多的矛盾，其实最后的一刹那都需要一个引爆点。找到一个引爆点，至少可以学会拆除一些高风险的情绪炸弹。比如"你不是也可以做饭吗？""我才不会给你生孩子。"当然还有辱骂，这些都被被告人视为攻击性的语言。虽然在常人看来毫无攻击性，但是在当时当地的情景，以及在被告人习惯的话语体系中，这就已经是越界了。

　　还有就是冷暴力，比如不辞而别，不理不睬，不做解释，这种消极的方式也会产生"拱火"的作用，尤其是对于猜忌心比较重的，对沟通有迫切欲望的人，越想沟通越是沟通不上，也会被视为对尊严的挑战，从而产生激化作用。

　　另外纠缠，尤其是找单位，对把稳定工作视为安全感重要源泉的人而言也是致命的威胁。这些看起来好像是在施加压力，但是如果压力给过火，或者对方本身承压能力就不是很强的话，就要慎重提升压力。

3. 杀妻的真实动因

　　虽然有种种的矛盾以及愤怒的情绪，甚至也可能大打出手，但是一日夫妻，百日恩。是什么让被告人下得了狠手？有些殴打长达一两个小时，有些提前准备好利器，有些当众杀人。

　　被告人对于杀人原因的描述往往只是停留在脑袋发懵了、一片空白、没想打死她、气头上了……这些表面的说法。也许他们从来没有真地面对过自己的内心，也许只是不愿意和盘托出，或者耻于说出。当恢复理智之后，自己也知道当初咬牙切齿的理由是很站不住脚的。

但是也不能用理性思维来考虑犯罪问题，很多时候，真正的冷静下来，用理性思维仔细权衡的时候，是不会选择如此手段的。

被告人普遍的特点是在日常生活中陷入自己的逻辑死结出不来，在那个死结中，杀人反倒成了没有办法的事，尤其是被害人触及被告人的一些痛楚，一些畸形的自尊和所谓的"底线"的时候，就容易引发被告人陷入非理智状态。

所以实际上很多杀妻案仍然是冲动性的杀人行为，有些也确实是事先没有准备工具的。当然还有一少部分是更为冷静地提前做好了准备，设计好了剧情并做好了毁灭现场或者伪造现场的准备，这些就更加冷酷。

但也很难说这是理智，因为在现代社会，让一个人凭空消失是极为困难的，而且配偶往往会成为第一怀疑对象，这在很多案件中也是屡试不爽的。虽然也有佘祥林案、杜培武案这样的冤案在，但配偶还是难以逃避作为重点的怀疑对象，尤其是可以通过你表达内容的漏洞，留下破绽。

但很少有人怀疑上报父母失踪的子女，更不会怀疑丢了孩子的父母，为什么？好像也没有留下类似的冤案，因为本来谋杀至亲的案件就极少。

这是为什么呢？

这是因为父母子女关系与夫妻关系有很大的不同。

一是夫妻没有血缘纽带，也就是没有基因层面的传承联系，虽然他们以共同生育子女的方式产生间接联系，但是与父母子女关系相比还是有很大差别。

二是是否具有可替换性，父母是不可替换的，现在基本都是独生子女，要孩子也晚，所以很多时候子女也是不可替换的。

三是父母子女的关系是从零基础开始的，也就是从小培养的感情，这种亲情有比较牢固的联系。

四是子女成年之后不用和父母长期共同生活，小的时候无力反抗，当你有能力反抗的时候，你也要分门立户了，也就是即使处不到一块儿去的话，成年以后也不用住在一起。事实上，也确实是越走越远，直到父母年老的时候再回来照顾，或者是为了照顾孙子孙女才重新聚在一起。如果子女不孝顺的话，父母自然也就不愿意往跟前凑。有了距离，矛盾就相对少一些。

四是财产上父母往往是毫无保留的。以前子女多，分割财产时常有争执、会打架，甚至也有出人命的。所以可见也不是有基因联系就不打架，关键还是看有没有利益纠纷。

与之相比夫妻关系就有很大的不同。

一是夫妻之间没有直接的基因传承关系，虽然有子女的间接联系，但这种联系也不是不可替代的，也就是说离了你，孩子还可以再生，基因还可以继续传承。

二是具有可替代性。现在的离婚率比较高，也说明了这个事实，虽然很多时候离婚要付出很大的成本，但配偶确实是可以替换的——虽然真爱难寻。

三是感情基础参差不齐。首先与父母子女的关系相比，夫妻不是从小在一起，而是成年了性格定性了才在一起，所以需要磨合的地方比较多，磨合不好的地方发生碰撞的概率自然就大。其实就是彼此的了解程度有的要弱一点。

这样来讲，再婚配偶的了解程度就会相对低一点，即使原来认识，但是由于都出走半生，都有前尘往事，所以碰撞的概率会更大。

四是夫妻就是一种共同生活的关系。如果分开长久那就成了分居了，最后往往就是彻底分开。但是即使你离开父母很久，父母仍然是父母。因为夫妻没有血缘这条不可分割的纽带，是需要由当下的情感不断维系呵护的，所以夫妻是一种当下的关系，这也是夫妻关系的脆弱性。

一旦停止呵护，甚至发生摩擦再不去修复，就很容易产生不可逆的伤害。比如母子之间怎么嚷嚷都行，也不记仇，但是换成夫妻之间试试？还是差一层。

所以夫妻关系其实是人类社会作为文明社会的一个重要标志，它不仅是基于繁衍子女的基因联系，更多的是基于伦理、道德、习俗和法律而形成的社会关系。

事实上，一个人与配偶生活的时间要远远长于和父母生活的时间，但他们相识之前只是陌生人，这是一种奇妙的联系。既然有这种先天性差异，又由于夫妻生活时间的长久性，现实生活中夫妻之间发生矛盾的概率自然就会大一些。

发生矛盾是正常的，闹得不可开交也没关系，社会还专门设置了离婚制度，实现了夫妻关系重启的可能。离婚制度为什么不能成为怨偶的退出机制，成为配偶的人身安全阀？

一是有些离婚诉讼以及财产分割的时间过长，在漫长的过程中增加了摩擦的风险。

二是难言之隐。不想把自己家庭不睦的状态呈现给亲戚朋友，牙打掉往肚子里咽，事实上不少家暴案件不到特别严重的程度都难以曝光就有这方面的原因。这相当于掩盖矛盾，容易导致矛盾的爆发。

三是由于经济条件等原因、无力及时退出不幸的婚姻。

四是即使离婚了，也仍然有子女，藕断丝连，还有纠缠和矛盾的可能。

有这些纠缠羁绊，婚不容易离，关系不容易断，被告人的特点又使他们不容易从错综复杂的矛盾中走出来，这些内在和外在的矛盾旋涡就容易使被告人走上绝路。

当然，必须要承认，这些案件中也有很多偶然性的因素，也不是绝对必然发生的，或者完全不能避免的。毕竟没有一对伴侣，是带着杀心走到一起的，大部分都是相恋的结果，都经历了一系列变化的过程。

4. 关于预防和避免极端冲突的建议

第一，对"离婚冷静期"进行必要限制。《民法典》规定"离婚冷静期"是为了稳定家庭，让离婚更加慎重。但是存在家庭暴力问题的配偶，不仅是离婚和冷静的问题，还有一个人身安全的问题。而离婚是摊牌，一旦摊牌矛盾就容易升级，在矛盾升级的情况下再延宕诉讼时间，就容易增加人身安全风险。

因此，建议对"离婚冷静期"进行限制性解释，适时修正《民法典》条款，将《民法典》第 1077 条第 1 款修改为："自婚姻登记机关收到离婚登记申请之日起三十日内，任何一方不愿意离婚的，可以向婚姻登记机关撤回离婚登记申请，但离婚的理由中包括家庭暴力并有相应证据支持的除外。"

第二，建立家庭暴力型离婚的快速诉讼机制。除了在民事实体法上对离婚冷静期进行限制，还要在离婚民事诉讼程序中建立特别的绿色通道，从而降低离婚配偶在诉讼中可能受到的人身危险。在提交家庭暴力的表面证据之后，就可以建立婚事速裁机制，使家庭暴力型离婚诉讼加快进行，并对财产分割优先强制执行，使怨偶能够及时摆脱不确定的婚姻状态，重新开启生活并降低冲突风险。

第三，建立心理干预警种，设置心理干预警员，对严重家庭暴力、家庭矛盾案件，在行政案件或者刑事案件办理过程中，同时进行心理干预和调节。在治安和刑事处分之外，为后续家庭关系的处理提供必要的心理解决机制。

第四，在冲突中避免刺激对方痛点，引发非理智反应。在气头上两方往往都刚起来，但是男性一般更加具有进攻性，在身体上更占优势，往往会诉诸武力。而女性普遍在语言表达上更占优势，所以对女性来说，在了解对方，也知道对方痛处的情况下，即使为了自己的安全，在冲突升级的情况下，也尽量不要在伤口上撒盐，刺激对方。

往往示弱，或者打情感牌，反而更容易缓和矛盾。事实上，即使在离婚的财产分割上，情感牌往往也比强硬牌更具有优势，因为即使最蛮横的人，心里也有柔软的地方。相对的，再柔弱的人，也有横下一心的理由。

第五，在纠纷升级的时候，或者配偶有家庭暴力的，一旦摊牌，在选择谈判场所的时候，尽量选择公共场所。不要选择私密性场所，包括家里，因为一旦一方失去理智，局面就具有不可控性。在公共场所会形成一定的约束机制，即使出现冲突也有人可以及时介入，这就形成了一种安全机制。这些"杀妻"案，几乎都是在私密场合下完成的。

这里还需要强调的是，虽然丈夫是"杀妻"案的第一嫌疑人，而且也一再为新的犯罪所证实，但是也不必然证明每一个死亡的妻子都是丈夫所杀，司法工作最忌讳的就是这种路径依赖。佘祥林案和杜培武案是我们永远不能忘记的教训。

杀妻是人间的悲剧，其戏剧性和暴力性容易成为媒体关注的焦点，但我们更应该关注的是大量隐性存在的家庭暴力，这些才是杀妻案的温床。无法及时摆脱不幸福的婚姻，不仅是不幸，也是一种巨大的风险。建立家庭暴力型婚姻的及时退出机制，与稳固现有的家庭同样重要。

　　毕竟我们要的幸福，是实实在在的幸福，而不是表面的幸福。

不救一人，何以救苍生？

电影《姜子牙》中的姜子牙说出的这句话，我认为对司法工作也有很大的启发性。

我们经常以一些大词的名义，牺牲个别案件的质量，从而也牺牲了这些个别被告人的利益，这也是冤假错案和机械执法的原因。

我们以为这样的牺牲是值得的，因为我们以一个更大目标为目的，这些牺牲就会产生正当性。

当然这种牺牲只是一种高度盖然性，很难确定地说就是想制造冤假错案，但是放松证据标准，不择手段获取口供就很可能产生冤错案件；或者是只问结果，不问原因，只考虑构成要件是否符合，不考虑常识常情常理，不考虑实质的刑事违法性就很容易导致机械套用法律的机械执法，从而违背公众的一般预期和基本正义观念。

这些都是对司法公信力有害的可能，而使这种可能性增加的原因就是背后的所谓更大的利益。

你可以把它想象为小我与大我的关系。

我们因为考虑大我，从而有可能牺牲一些小我，或者说增加一些牺牲小我的可能性。

但其实大我正是由小我组成的，平白地牺牲小我，其实牺牲的不是一个小我，而是牺牲每一个个体的可能性。这些小我是脆弱的，其利益是容易损害的——没有太多的自我保护能力，很容易被牺牲掉。

这个小我其实可能是任何人，包括你和你的家人，而所谓的大我正是由千千万万个小我组成的。大我是抽象的，而小我是具体的，是可以确定的，就是眼前的这个人。

就是你办的案件的这个人，这个案件的走向就是会对这个人的人生产生实质的影响，而更大的利益有时很难说清楚，它看不见，摸不着。有时候要凭想象，但这个想象需要人来定义，而被谁定义，如何解读，如何解释又包含了定义者和解释者的主观判断和理解。

事实上这个大我也是由小我定义的，难以避免会涵盖了这个特定小我的特定利益，因此这到底是真正的大我，还是包裹着大我外衣的小我，有时很难说清楚。

但是作为个体的小我是十分具体的，是真切确实的，是我们可以直接触及并能够影响的。

因此，当你办自己案件的时候，应该优先考虑的是这个小我，因为只有他才是司法裁决的直接承受者，如果他有冤屈，他就是一个你可以直接救的那个人。

这个救的方式有很多，不批捕、不起诉、判决无罪，包括近来正当防卫条款的激活都是这个意思。

你所判断的主要依据就是具体的事实，具体的情节，具体的法律，这些是决定案件的根本。

而不能用这个案件的影响，敏感性，公众情绪以及打击犯罪的总体要求来代替这些具体的判断标准。也不能因为这些所谓的大的因素而放松了对具体的小的因素的考量，这就会让小我为了想象中的大我做出牺牲。

一旦发生了这样的牺牲，虽然可以找到这些大词为自己开脱，但是必然损害司法的公共信用，而这才是更大的利益。

发生一件冤假错案的时候，我们不会仅仅责备这一件案件的承办人员，或者哀叹当事人的命运不济，我们一定是对整个司法系统进行责备，而不管当时考量了什么样的大我利益。

这是为什么？为什么这些大我利益不能成为牺牲小我的理由？

因为没有什么大我利益可以作为牺牲个体公正的理由，因为公正不仅是个体问题，公正从来都是一种程序和标准，它具有极强的通用属性。当一件案件办理不公的时候，我们马上就会怀疑其他以往案件的公正性，同时我们还会质疑以后司法办案的公正性。

这实际上是在质疑司法系统的可靠性。

这是一个合理的质疑，而每一个小我对其他小我的命运也具有情感共鸣，一个小我的个体遭遇，很快会成为其他小我的换位假设。

一个小我的命运也会因为报道而被其他小我广泛知悉。在自媒体的时代，任何的个体都可以成为一个媒体。任何一个小的事件，都会被放大成舆论风暴，而这就是小我之间的同感共鸣。这也不仅仅是情感，还是我们对自身命运处境的担忧，因为我们都是普通人，都可能遭遇相同的命运。

因此，我们在解决任何一个小我的问题的时候，也要基于这个同感共鸣，考虑到背后大我的可能的反应。

当我们以一些所谓的大我利益对案件进行考量的时候，也要认真权衡一下，这些大我利益有多少是真正的大我利益，有多少只是特定个体的个人利益。

事实上，我们在每一个具体案件中对特定的当事人负责，认真对待别人的人生，实际上就是在认真地对待苍生，因为他们就是我们能够接触到的苍生，他们就是具体的苍生。

苍生就是每一个活生生的个体。

以苍生之名而行个体利益之实，才是对苍生最大的危害。

而保护苍生就是从保证每一个个体利益开始的。

那被害人呢？

事实上，几乎每次提到提高办案质量，加强人权保障，树立程序正义观念的时候，都会有这样的声音出来，问一句：那被害人呢？

这么多年了，一直如此。

这到底是一个什么样的逻辑？

1.

我想我们主张这些人性化的司法理念就是在忽视被害人的利益。

真的是这样吗？

对于被害人来说，冤有头债有主，抓错人判错案不应该符合自身利益吧？虽然动作快了，但是打击目标不对也不是被害人希望看见的，再说了，任何一个有良知的人在遭到损害的同时，也不希望无辜的人蒙受冤屈吧？

所以避免冤假错案不恰恰是符合被害人的利益吗？也只有强化案件质量，才能保证打击的精准，才能促使司法机关动用司法资源将真正有罪的人绳之以法，也就是让真正对被害人实施侵害行为的人付出应有的代价，这不是对被害人最好的安慰吗？

如果差不多抓一个了事，不仅不能实现公平正义，也是对被害人糊弄事。难道这是被害人希望看到的吗？

所以防止冤假错案也同样是在对被害人负责，这在某种意义上也是维护被害人的利益。

当然，在防止冤假错案与将真凶绳之以法之间，有一个距离。那就是放人和抓人的距离，存在一个时间差。冤错案件越是能够被及早发现，越是有机会查找和发现真凶，这个时间间隔得就会越短。相反，越是陈年旧案，虽然冤错案件被纠正了，但是由于时间久远证据灭失，错失侦查时机，因而很难再找到真凶。因此，这个时间间隔就会显得过于漫长，就好像我们只是考虑了被告人的利益，而没有考虑被害人的利益一样。

但其实是我们没有及时维护被告人的利益，从而也导致了被害人的利益无法及时得到维护。

发现真凶的及时性，是建立在不要抓错人的基础之上的，如果将无辜者当作真凶对待，并倾尽大量司法资源，必然搞错了侦查方向，也就必然离真相越来越远，而远离真相的案件办起来自然也就格外费劲，耗费时日。这些在无辜者身上是巨大的痛，是无妄之灾，在被害人的身上则是空欢喜，是无谓的希望。

能够给被害人真正希望的前提，是司法的正确方向，是可以暂时没有抓到人，但是不要乱抓人，不要抓错人。这样才能保证司法在正确的航向上行使，即使逼近目标需要些时日，也好过误入歧途。

因此，保障被告人的权益其实是保障被害人权益的前提。

保证无辜的人不受追究，才会有时间和精力去抓捕真凶，被害人的权益才有机会得到维护。

因此，被害人的权益不但与被告人不矛盾，反而是统一的。

2.

当然，现实从来不是这么非黑即白的，绝不是那么泾渭分明的。

总是有一些疑难案件，既有一些有罪证据，又有一些无罪证据，因为不能排除合理怀疑，不能得出唯一结论，最后将嫌疑人或被告人释放。

即使释放了，很多侦查人员仍然会坚定地认为这些人员其实就是真凶，很多被害人仍然会一口咬定，他们就是真凶。

但是即便如此，根据定案的证据标准，根据法律的规定，我们还是要进行无罪推定，还是要做出除罪化的处理。

当然有些时候，案子其实还没有完全办完，还是可以继续侦查，但是由于有些案件纠正的时间过晚，其实已经没有太多补证的空间，而且舆论压力也已经过去，外界压力也没有那么大，自然继续侦查的动力也不会那么足。

这就导致仍然有怀疑的人，对他的怀疑无法得到证实，他也难以得到完全的解脱。

不能完全肯定这些人就一定不是真凶，但是现有证据就是无法证明。

有些时候，过了很多年之后，会有真凶出现，这个时候你会发现，当年的怀疑其实只是猜忌和主观的偏执，并非有多少有力的证据。

但是有一个确定的目标总是让人容易解脱。那些有执念的被害人因为没有其他的目标可以寻找，因此自然就将这些被释放的嫌疑人当作假想敌来怀疑。事实上，部分的公众和司法人员也是一样的。如果不让他们怀疑这个人，那又让他们来怀疑谁呢？

这也就是无罪推定的重要意义，在没有定罪之前就是要推定他为无罪，在已经定罪，被推翻原判纠正之后，自然就恢复到无罪推定的状态。

这个无罪推定中将有一些嫌疑，但不足以定罪的人，最终排除在刑事追究之外，可能就会引起一些被害人的不满。

基于他们的意念，他们就无法理解，对这样有嫌疑的人为什么不能予以追究。这就是对被害人没有给予充分的保护。

如果充分保护的话，那这样有嫌疑的人就要被指控，就要被定罪。

而如果这样的意愿被满足的话，那就会违背刑事诉讼的证明规则，就会增加冤错案件的风险。

我们知道，其实避免冤错案件，从根本上对被害人是有利的。但这种利益是一种理性的和长期的利益。

但有的时候，被害人的诉求并非如此理智，有时候就是非要办眼前这个人不可，就是被仇恨蒙蔽了双眼，不会考虑什么证据的充分性，不会管什么司法的专业判断，就是非要司法机关的决定服从于自己的直觉判断。

如果不能服从于自己的直觉判断，那就不能算是充分维护自己的利益。

那这个时候的维护就成了迁就和妥协，就成了促成冤假错案的一个原因。

冤假错案一旦促成，不但不能实现公平正义，而且还会把被害人的根本利益也耽误了。

而有的人主要是想把自己的气先出了，并不会太在意这个气出得是否准确，也就是对司法惩处的准确性没有那么在意。这实际上相当于拿无辜的被告人当出气筒，只要找一个人接受惩罚，管他是谁呢！这其实是一种任性和优越感。

谁让我是被害人呢，你们就得管我！

你不是已经抓住一个人了吗？就是要把他严办。

这时候被害人的身份就成为能够发号施令、提出要求的资格，即使是这些要求不甚合理，也要执行。

是一种只要满足自己，而不管别人死活的巨婴症。

像文章开头那样经常发问的人，其实与之有一种情感共鸣。

我们强调办案质量，精准执法，就是在维护嫌疑人、被害人双方的利益，但他还是要问：被害人呢？

被害人当然会从公正司法中受益啊。纠正冤假错案之后，当然是要抓捕真凶啊，越早纠正就越是要尽快启动抓捕真凶的工作啊，这是言下之意啊，还问啥呢？难道纠正完冤假错案之后，司法机关就什么也不干了？

司法机关只要运转不就是在为被害人服务吗？这还要说出来吗？还要怎样的行动证明这一点呢？

其实最好的行动还是提高办案质量和精准执法，还是要先解决精准的问题，才会有被害人利益的真正维护。而不是为了维护被害人的利益，就可以不问是非。只要问是非，那首先就是嫌疑人的问题，然后才会是被害人的问题。这就是一个基本的司法逻辑。

3.

除了准确性的问题，还有一个适当性的问题。

有些被害人的诉求严重超出法律的范围，比如交通肇事的被害人，希望枪毙嫌疑人。这种心情可以理解，但是法律的还是要归法律。

有些受到损害的被害人喜欢狮子大张口，损伤不大，但张口就要上百万赔偿，不能满足就不谅解，要求严惩，不允许认罪悔罪的被告人得到从轻处罚，更不能判处缓刑。司法机关不应被这种不合理的诉求绑架。

还有的被害人在司法起因方面明显有过错，以往我们就是以谁伤得重谁就是被害人来看待，就变成了谁伤得重谁有理。当我们判定被害人这种过错对案件发生也有一定的影响，从而没有对被告人做出被害人所期待的刑罚时，被害人就会不依不饶。认为司法机关没有顺了自己的意愿就不满意，就是对被告人的偏袒，也就是没有充分考虑被害人的利益。

显然，对被害人利益的考量，并不包括这些不合理的利益诉求。

还有些被害人明明是加害人，只是最后被反杀、反打，这实际上就是正当防卫的案件。以前我们的执法方式就是唯结果论的机械执法，不问青红皂白，让法向不法低了头，让不法反而抬了头。

这个头就是被害人的头，把自己的被害人身份当成了护身符、有理符，因为自己受伤重了一点，没理反而变成了有理，甚至趾高气扬。

但是现在司法的理念变了，被害人的身份并不具有天然的道义优势，还是要通过证据来评评理，看看到底是谁对谁错。

即使是被害一方，那些不合法的利益诉求也不会得到法律支持，甚至都无法获得道义支持。

事实上，司法机关秉公执法就是在维护被害人的利益，但这个利益只能是合理的和合法的利益。被害人那些非分而任性的诉求，不但不利于实现自身的利益，反而会损害司法的公信力，并严重损害其他人的利益，对于这些非分的利益，再提醒也不会得到。

内容产出的平台化

近日有幸在检察日报社举办的一次座谈会上，就融媒体谈了几点感受，当时由于时间关系没有展开。在这里展开一下，看看对媒体圈的朋友有没有什么帮助。

1. 法缘政治

这里是借用了地缘政治提的概念，原来争夺的是土地，现在争夺的是影响力。

媒体是在争夺眼球，其实就是争夺影响力，而在一定范围内注意力是有限的，在争夺影响力的过程中就会发生竞争。

当然也可以共同把蛋糕做大，从而让竞争的池子变大，但是在新开垦的注意力土地上还是会存在竞争，因为注意力资源永远都是稀缺的，因此永远都要有竞争。

而这个注意力竞争是带有战略意义的，就像地缘政治的战略意义一样。

这涉及公众和社会对检察工作的认知度和认可度的问题。而一个机构的职能就是尽量地获得社会的认可，这才是一个机构的有用性。

如果很多公众长期不了解检察机关的职能，检察工作长期神秘化，这是非常危险的，是对检察工作的长远发展不利的。这也必然会影响到发展所必须的资源获取和政策支持。

这实际上是对人民群众日益增长的法治需求的满足问题，如果连了解都谈不上，何谈满足，何谈认可？

而传统行业纸媒的问题是其发行的范围极为有限，缺少公共化的途径，很多人想买一份《检察日报》也买不到，那又怎么能够受到影响？这是一个机制性的难题，也涉及成本问题。即使能够解决，也只能是线性地增长，很难实现发行量的量级提升。

而借助移动互联网和算法技术是完全可以实现影响力的量级跃迁的，这也是目前唯一的路径。

纸媒不会被马上取代，但是也难以实现大幅度的增长，而很多用户的阅读习惯已经被互联网完全改造，因此我们必须顺应这个趋势才能实现跨越性的发展。

这个跨越性的发展就是融媒体的问题，现在检察日报社已经迈出一步，可以向前再迈一步。

2. 从做自营到做平台

所以，重点要谈的就是融媒体怎么"融"的问题，目前传统的方式还是积木式融合，就是把内容放在一起，按照内容的形式划分为不同的团队。

总起来说就是自己做视频、音频、资讯，这就会带来一个资源不足的问题。

因为要做一个真正的平台，比如自己的独立的App，这些内容还是远远不够的，内容太少。

尤其是视频内容的制作成本高昂，很多流媒体平台都是数以亿计地烧钱，这个成本太高了。

即使有钱，人也不够，需要海量的视频内容团队和技术团队，这也是一个问题。

事实上，像抖音这些视频社交媒体，其实拼的是算法，内容是用户自己提供的，B站也一样，培养的主要是up主，而平台是将他们组织起来，通过算法的方式向用户有针对性地投送，而每一个用户又可以成为内容提供者，这样内容就会变得源源不断。实际上，这是一种自组织模式。

他们创造的是生态，而不是自己简单的内容供给。即使我们有足够的人和足够的钱，也未必有足够的创意和智慧来创造出这些产品，这些智慧是亿万用户的智慧，这是一个无法比拟的优势。通过算法创造出了雪球，在需求的滑道上不断滚下去，实现了用户和内容的滚动式的增长。

这是有价值的模式。

对此，我们有一些契机，但是窗口期也在流失，所以我想强调一下，以引起充分的重视。

我想强调的是，这个法律类的超级 App，最后可能只有一个，就像微博只有一个，微信只有一个一样，因为市场无法容纳那么多同质化的产品。

而这个机会将被第一个把这个 App 做起来的单位和平台把握。

如果检察机关有机会将这个平台先做起来，就有机会按照自己的理念培养公众对司法工作的认知，而如果是别的单位，那我们顶多就是一个参与者，而不是主导者，因此我说的其实是一个战略性的契机。

首先，利用所有资源向这个 App 导流，这个 App 可以就叫检察 App。越简单越好。

其次，在这个 App 平台上整合所有的内容，检察新闻、资讯，包括已有的视频，但是这些都太有限了，而且也未必吸引人。这个 App 想要在如此众多的 App 中生存下去，必须有一些独有的，海量的，高频使用的资源。

目前我能想到的主要有三个，其他也算一些，但并不是那么主要。

第一是案例，这个之前我就写过文章，但是现在还没有人把平台做出来，我说的这个案例库，它必须成为全国最大、最全、分类最科学并持续生长的案例库，唯一的方式就是自组织的方式。向所有人开放发布案例的权限，我们主要是做算法，辅之以人工的编辑分类，并通过机器学习的方式教会算法如何进行分类。

就像抖音对视频的自行分类一样，算法也逐渐会对案例进行智能分类，并进行智能推送，每个人都能看到自己想要看到的案例。

案例 up 主也会不断收获粉丝、打赏等利益激励，从而刺激他们不断分享自己的案例。而这些数以百万计，甚至上千万计的案例，会吸引无数的法律人在这个 App 上流连，这个 App 至少是一个重要的法律工具。

第二是问答。目前的检答网已经初见成效，但最大的问题是内部化，只有检察人员自己可以看见这些问答，最需要用的警察就看不到，干着急没办法。

事实上，完全可以将检答网开放化，不仅是将现有的数据和平台放到这个检察 App 上，而且可以以更加开放的方式出现，那就是每个人都可以提问，每个人都可以进行回答，然后融媒体平台要做的就是优化算法，从而自己判断哪个回答更优，难以判断的可以由编辑进行判断。然后通过算法的方式对这些问答进行分类、整合，形成法律问答维基百科。

而算法通过机器学习将逐渐智能化，从而对一些简单问题，可以进行自主回答，进而实现第一个法律领域的人工智能。

第三是法律人社交。实现用户黏性，社交是一个重要的属性，目前法律人非常的分散，很多刚从警校毕业的侦查人员很想了解、认识一些检察官，希望向他们请教问题。当然，这可以通过问答的方式实现。但是那只是知识的互动，是一次性的。而社交是希望建立长期的联系，这个警察希望结识一些检察官朋友，这个平台可以帮助他们实现。

而很多检察官虽然理论功底可以，但是缺少侦查实践的经验，在开列补充侦查提纲的时候，也不知道一些补查需求是否具有可操作性，想要一个证据但不了解取证的方法，这些都可以问一些有经验的侦查人员，而这样的人员有可能是身边没有的。

那这个 App 就可以拓展法律人的社交圈，包括律师也可以介入进来，对法律问题进行切磋。

这样就形成了一个广义的法律人社交平台，从而建立更加稳定的联系。

有了这三个方面，当法律用户足够多的时候，那些专门针对法律人所开展的音频课程和视频课程就有了针对性的市场，就可以在这里开设公众号，从而吸引用户，而这个平台又可以收获更加丰富而有价值的内容，这些都是吸引更多用户的基础。

当然检察融媒体平台可以自行推出自己的新闻、资讯和视频内容，但是更多的是对海量的用户自制内容进行编辑，并不断优化算法帮助进行自动编辑。

这就像做电商一样，即使如京东这种以自营起家的电商也要招揽商家入驻，因为这样才能提供更加丰富的品类，而只有品类齐全才会吸引到更多的用户，并且只有有了更多的用户才会有更多人选择自营的商品。

检察 App 也一样，一定是通过海量用户的自主上传内容，建立了完整而丰富的法律内容品类，才会有更多的用户加入进来，从而才会看到检察机关自制的内容，才会提升检察机关的真实影响力。

最重要的是我们可以按照司法理念和价值取向不断对算法进行优化，用这个算法决定内容产品的面貌，而这些内容将影响公众的法治观念。

现在大家都知道了，就看谁能先把它做出来了。

我们为什么要因为别人的过失而发火？

为什么有的人会因为孩子把手机摔了而大发雷霆，但是很少有人会因为没有贴钢化膜而责备自己？

原因之一，可能是本人就容易发火，沾火就着，而摔手机就是一个重要的导火索。

原因之二，因为心疼手机，对因为摔手机所引发的再买手机，因而带来的经济损失产生了极度的厌恶情绪，这就是我们在经济学上所说的损失厌恶。

原因之三，搅了雅兴，本来一天的好心情，因为摔手机而被打破，想到这一点让一天的完美化为泡影，进而感到极度的不爽，这是一种完美主义的倾向。

原因之四，可能孩子平时也不听话，现在又把手机摔了，之前所有的前科劣迹一起涌上心头，焉能不恨？

原因之五，一转脸就能把手机摔了，那是不是稍不留神又可能犯更大的错误？对于这种失控的感觉和无法阻止的风险而感到无法承受。

事实上，这是一件小事，但折射出的是我们的心理问题，从一般意义上来说就是我们对别人的过失——也就是一般意义上的风险和意外事件的态度。

我们知道，摔手机一般其实是过失行为，而过失行为是难以预防的。你只能提醒他下次注意，通过发一些小脾气，或者短暂的摆一个脸色，足以产生威慑作用，让孩子感受到问题的严重性，知道不能轻易摔，也让他知道手机是贵重财物，应该轻拿轻放，这就可以了。

再多的惩罚也没有意义，即使刑法中的过失犯罪，一般的处刑都比较轻，也是这个道理。

因此，我们要明白这个道理，在教育上应该也秉承一个比例性原则，不但要考虑行为的结果，也要考虑主观的过错，对过错行为给予一种适当的教育措施，而不能唯结果论。只看到手机的贵重，没有看到主观过错是过失还是故意，就会反应过度。

反应过度除了让孩子感到害怕，让他们谨小慎微，并不会起到任何作用。而过于谨小慎微会使得孩子不再敢于尝试一些创造性的行为，因为很多创造性的行为，其实都是有一定危险性的。即使是抓蚂蚱，也是有可能把裤子弄脏的。

但总是做一个乖小孩，又怎么可能成长为一个敢作敢当的男子汉？事实上，每一代人所要面对的挑战都不一样，都不是有前路可以遵循的，必须要敢于独立做出判断。因此，如果我们在意孩子的创造性就应该适当容错，尤其是对那些过失性的行为。

对此很多家长都会预防性地采取一些措施，比如给手机加钢化膜，加一个手机套，给孩子用的东西往往要考虑易碎性。

事实上，我们自己的手机往往就采取了类似的保护措施，因为我们知道，我们自己也有可能不小心摔到手机。我就想问，哪一个大人自己没有摔过手机，我们会对自己暴跳如雷吗？

因为我们知道这种失误是难免的，即使我们非常小心也一样不能完全避免。那我们为什么要因为这种不能完全避免的风险而责备未成年人？

事实上，我们知道未成年人在刑法上都有一个刑事责任问题，14周岁以下的未成年人即使犯罪也不承担刑事责任，现在个别犯罪可以有条件地下调到12周岁，14至16周岁的未成年人只对极少部分严重罪行承担刑事责任，16至18周岁的未成年人虽然承担刑事责任，但也要法定从轻或者减轻处罚。

这就是国家和社会对未成年人的态度，要从制度上容错，要承认未成年人还在成长的过程中，认识能力和控制能力都是非常有限的。

这个容错包括故意犯罪，有些甚至还包括严重的暴力犯罪。

这就更不要说轻微的过失行为，我们更没有理由不去包容。

包容不是纵容下次再犯，而是容忍不可避免的风险，比如因为没有把手机拿好这种连成年人也经常犯的错误，这种失误、损失、风险其实就是现实生活的一部分。

我并不是提倡无原则地包容，但是既然你可以对自己予以包容，那就应该包容自己的孩子。

我们常常奢望现实社会都能顺自己的意,但这又怎么可能？不可能所有的好事都让你赶上，不可能吃的每一顿饭都好吃，去哪里都好玩，每一个路口都是绿灯。

有一点不顺利，就不能接受不能容忍，就感到不开心，就觉得不如意。这样一来，能够开心的机会就很少，因为能够完全顺利的时候也很少。

其实这是对生活的一种任性，认为所有的事情都能够按照自己的意志展开,这样的性格,小的时候,我们管它叫"小皇帝",长大了其实是一种巨婴症，是一种长不大的孩子心态。

但是巨婴症也有自己的发作特点，那就是向下发作，而不敢向上发作。虽然我们在工作中也会不顺心，也会在背后骂领导，但是我们一般不敢对领导发火。事实上，有些下属也不好惹，所以有时候领导也不敢跟下属发火。

因此，这个火只能向亲人发，包括父母、配偶、子女，父母有时候仍有余威，因此不敢触怒，配偶闹急眼，也会离婚，离婚很多时候和不能包容有很大关系。但最弱势的其实是孩子，因为孩子无法独立，虽然不想忍受，但是没有能力离开，因此在成年之前只能选择默默忍受，因此往往成为出气筒。

这样的性格被称为"窝里横"，碰到真正的事反而不行了。

在小事上斤斤计较，不依不饶，往往也是成不了大事的。

因为成熟的心态应该了解，世界的发展本身就存在一种不确定性，这种不确定性尤其不以自己的意志为转移，我们只能期待自己能掌控的确定性，朝那个方向努力，但却不能完全确保事实一直顺着这个方向。

而对生活中发生的意外事件的态度，其实体现了我们的成熟度，看我们能不能坦然面对，平静接受，从容处之，也体现了我们是否真的成熟起来，从而能够接受这个真实的世界。

我们对意外事件，或者说别人过失的态度，也体现了我们对风险的承受能力。事实上，风险总是存在的，如果我们一有风险就焦虑不安，又怎么能够承受大风大浪，进而乘风破浪？

不要忘了，不确定性就是我们这一代人的宿命。

我们对风险的焦虑其实会传递给孩子，让他们对风险和意外事件也变得焦虑，这必然也影响了他们在未来生活中的适应能力。

而对风险的适应能力，包括心理调适能力，将成为适应风险社会的重要能力。

后　　记

　　司法不是短跑，它是一场马拉松。它不会很快见分晓，没有什么一劳永逸，它就是一种细水长流、润物细无声的艺术。

　　它在你不经意之间，就像习惯成自然一样在形成一种社会习惯。是的，司法其实就是在帮助社会培养一种习惯，一种规则运用的习惯，甚至是一种价值观念。

　　有些案件是影响很大，但是这些习惯和观念，绝不是靠一件案件实现的，它是靠千百件案件实现的，这就是累积的力量，就是量变的力量。

　　这也是法律人应该敬畏的，并应该追寻的力量。

　　作为法律人不应该愤怒，而应该坚定，应该持久，应该矢志不渝地追寻公正，只要时间足够久，累积的足够多，就必然会发生变化。这就是长期主义的力量。

　　司法如此，生活也如此，对此我是乐观的。

　　本书的创作得到了家人和朋友的默默支持，"刘哲说法"的读者们总是第一时间给我反馈，他们对我的帮助是长期的。

我还要感谢清华大学出版社刘晶编辑以及其他工作人员的持续付出，他们对书籍的品质的追求也是一种长期主义！

2021 年 1 月 15 日于西直门